Lorraine Kacou

La vie en Christ

Lorraine Kacou

La vie en Christ

La vie selon Christ

Éditions Croix du Salut

Imprint

Any brand names and product names mentioned in this book are subject to trademark, brand or patent protection and are trademarks or registered trademarks of their respective holders. The use of brand names, product names, common names, trade names, product descriptions etc. even without a particular marking in this work is in no way to be construed to mean that such names may be regarded as unrestricted in respect of trademark and brand protection legislation and could thus be used by anyone.

Cover image: www.ingimage.com

Publisher:
Éditions Croix du Salut
is a trademark of
Dodo Books Indian Ocean Ltd. and OmniScriptum S.R.L publishing group

120 High Road, East Finchley, London, N2 9ED, United Kingdom
Str. Armeneasca 28/1, office 1, Chisinau MD-2012, Republic of Moldova, Europe
Printed at: see last page
ISBN: 978-620-6-17096-9

Lorraine Kacou

La vie en Christ

Références

Bible Tob

Bible Louis Segond

Remerciements

Je remercie l'esprit de Dieu qui m'a révélé ce thème et qui m'a permis de le développer.

Je remercie le prophète Papa Emmanuel.

Je remercie ma mère Appia Marthe pour son soutien

Je remercie tous les lecteurs.

Je m'appelle Lorraine Kacou née le 6 avril 1990 à Paris 15-ème. J'ai 34 ans aujourd'hui. Je suis juriste, informaticienne et gestionnaire de formation. Je suis une personne qui a décidé d'écrire livres religieuses pour édifier le peuple de Dieu même si je suis intéressée aussi par l'actualité. Parce que pour moi c'est essentiel d'apporter sa participation à l'œuvre de Dieu et à la société. Et je prie que tous ceux qui vont lire ce livre soient vraiment touchés. J'ai passé toute mon enfance en Côte d'Ivoire. Mes parents sont à l'origine Catholique à part ma mère qui est désormais évangélique. Je suis catholique n'empêche qu'il m'arrive d'aller à l'église évangélique car pour moi là où le nom de Jésus Christ est invoqué montre bien qu'il est présent. Ma maison mère est l'église Catholique, c'est là que j'ai reçu mon baptême à 14 ans. Donc ce livre n'est pas seulement pour les Catholiques mais pour tous les chrétiens du monde entier et pour tous ceux qui veulent connaître Christ. J'espère que ce livre vous éclairera et vous fera du bien.

De nos jours beaucoup de personnes se posent des questions sur leur existence. Ils se demandent pourquoi ils vivent. Qu'est ce qui leur rattache à la vie ? Est-ce leur travail ? Est-ce leur famille ? Est-ce leur passion ? Est-ce leur argent ? Certains ont de bon boulot. Ils gagnent très bien leur vie. Certains ont de belle famille. Ils ont des enfants. Concubins ou mariés, certains ont des passions, ils font du sport d'autres du théâtre, de la musique. Et pas mal de choses. Mais ils se posent des questions sur leur existence. Qu'est ce qui leur rattache à la vie ? Pour une mère qui vient de mettre au monde un enfant, elle dira certainement c'est mon enfant qui me rattache à la vie. C'est mon bébé que j'ai senti dans le ventre. C'est mon bébé que je veux voir grandir qui me rattache à la vie. Mais il y a certains qui sont découragés de la vie. Certains même tentent de se détruire au travers des drogues, au travers des substances, au travers de l'alcool. D'autres c'est de manière radicale qu'ils tentent de se suicider. La vie, tout ce qu'elle renferme n'est pas simple. La vie est difficile. La vie est compliquée. La vie est un tunnel sans fin. Et on vit jusqu'à son dernier soupir, jusqu'à la mort. Certains vivent pour être des révolutionnaires. On a connu des gens comme Che Guevara. On a connu des gens comme Nelson Mandela. On a connu des gens qui ont révolutionné. D'autres ont voulu aider des pauvres. D'autres ont voulu marquer Cuba. D'autres ont voulu marquer l'Afrique du Sud. D'autres ont des idéaux comme la justice en parlant de Nelson Mandela qui voulait que tout le monde soit pareil que les sud-africains qui ont une estime d'eux-mêmes soit respecter et ait les mêmes droits que les blancs. Eh oui il y a eu ce genre de personnes qui se sont battues. Nous avons Gandhi qui a lutté pour les hindous. Qui a lutté de manière pacifique pour que les hindous en Afrique du Sud soient respectés et lui-même au final à perdu la vie. Nelson Mandela a fait de la prison mais après il a été chef d'État avant de perdre la vie. Che Guevara lui est mort. Il a été assassiné. Qu'est ce qui nous rattache à la vie ? Est-ce le soleil le matin ? Est-ce l'aurore ? Est-ce nos progénitures qu'on aime tant ? Est-ce nos amis (es) ?Mais certains amis trahissent. Souvent ils ne nous comprennent pas. Qui nous sommes ? Où nous allons ? Ce que nous voulons réellement. Souvent même nos familles ne nous comprennent pas. Ils ne savent pas qui nous sommes. Où nous allons. Ce que nous voulons devenir. Mais il y a un modèle, un grand modèle. Il y a quelqu'un qui a marqué ce monde de par sa vie, de par les écrits bibliques. Il s'appelle Jésus Christ de Nazareth. Ce dernier est venu dans ce monde. Il est né de manière insignifiante. Il a été persécuté par Hérode, on peut le voir dans ce passage Mathieu 2.13. Joseph et marie l'ont emmené en Egypte le faire cacher car Hérode prévoyait de le faire tuer. Il tua des enfants à cause de Jésus, on peut le voir dans ce passage de Mathieu 2.16 « *Alors Hérode, voyant qu'il avait été joué par les mages, se mit dans une grande colère, et il envoya tuer tous les enfants de deux ans et au-dessous qui étaient à Bethléhem et dans tout son territoire, selon la date dont il s'était soigneusement enquis auprès des mages* ». Jésus, voilà le modèle auquel on peut se rapprocher quand on veut donner véritablement une existence à nos vies pour nous les chrétiens. En quoi Jésus peut être un symbole existentiel dans nos vies ? En quoi son parcours, en quoi sa vie peut nous donner envie de vivre, de faire comme lui, de lutter contre les situations difficiles, compliquées et complexes ? En quoi la vie de Christ nous marque ? Aujourd'hui c'est difficile de voir même en certains hommes de Dieu la vie de Christ, le modèle de Christ. Alors dans ce livre nous allons parler de l'existence de la vie en Christ. Pourquoi il est impératif de donner sa vie à Christ ? Pourquoi il est impératif de vivre comme Christ ? Qu'est-ce que nous recherchons dans cette vie ci-bas ? Parce que pour certains ils ont tout. Ils sont des boulots, des enfants, des maisons, des voitures. D'autre part contre n'ont rien. Moi je vois des sans domiciles fixes dans les rues demander de l'argent. Ils ont devant eux des petits gobelets pour qu'on leur mette des pièces d'argent. Pour ces personnes, quelle existence de Christ ? Qu'est-ce que l'existence de Christ ou la vie de Christ peut faire dans leur vie ? Donc dans ce livre nous allons nous poser la question de savoir pourquoi nous existons ?

Partie 1 L'existence de la vie en Christ

Chapitre 1 L'existence

Alors on peut dire que celui qui existe est celui qui est né. Celui qui existe est celui qui vit. Mais celui qui vit, il vit parce qu'il a le souffle de vie. Et qui lui donne le souffle de vie ? C'est Dieu, c'est Christ pour nous les croyants. On peut le lire dans ce passage de Genèse 7:22 « *Tout ce qui avait respiration, souffle de vie dans ses narines, et qui était sur terre sèche, mourut* » et Esaïe 42:5 « *Ainsi parle Dieu, l'Eternel, qui a créé les cieux et qui les a déployés, qui a étendu la terre et ses productions, qui a donné la respiration à ceux qui la peuplent, et le souffle, à ceux qui y marchent* » . Les athées diront qu'on est né naturellement sans intervention divine. Nous venons de la nature et les choses se sont faites d'elles-mêmes. Mais pour nous les chrétiens si nous respirons, si nous pouvons nous déplacer, nous mouvoir. C'est par la grâce de Dieu. C'est par Christ. C'est Christ qui fait de nous ce que nous sommes. Notre existence est rattachée à notre naissance, rattachée au lieu de naissance, rattachée à nos familles, rattachée à notre terre de naissance. Moi par exemple je suis née à Paris dans le 15-ème arrondissement mais j'ai grandi en Côte d'Ivoire à Abobo quartier Houphouët Boigny. J'ai commencé à voir la vie, les choses en grandissant. C'est dans mon enfance que j'ai commencé à voir la vie. Et quand on est enfant. On vit sans se soucier et sous la tutelle de nos parents. On n'affronte pas la vie quand on est bébé et qu'on a quelques mois. Après vient la crèche, l'école. Il faut aller à l'école pour certains qui peuvent aller à l'école. Pourtant il y a certains endroits où les enfants ne peuvent pas aller à l'école. Les gens n'ont pas les moyens ou la capacité d'aller à l'école. Soit ils n'ont pas les moyens financiers, soit ils sont malades, ils ont pour certains un handicap physique ou psychique qui les empêche d'aller à l'école. Donc il y a l'enfance, la naissance. Il y a le territoire, il y a là où nous vivons et puis il y a la famille, la mère, le père. Il y a certains aussi qui sont nés sous X. Il y a des gens qui ont été abandonnés à la naissance. Il y a des gens qui ont été adoptés. Mais quelqu'un vous dira « Je me sens bien quand je suis à Paris ou je me sens bien quand je suis à New York, je me sens bien quand je suis en Italie, je me sens bien quand je suis à Sénégal ». Je me sens bien parce qu'il y a la terre à laquelle nous sommes attachés. C'est pour cela que le droit de sol est important dans certains pays pour avoir la nationalité hormis être né de père ou de mère de ce pays. L'environnement auquel on est attaché. Moi par exemple, je peux dire que j'ai deux terres, une où je suis née qui est Paris et une autre où j'ai fait mes premiers pas, la Côte d'Ivoire. Donc je suis rattachée à ses deux pays. Effectivement l'existence, c'est la vie, c'est aussi le vécu, c'est l'enfance, c'est l'adolescence, c'est la majorité, c'est lorsqu'on est adulte, c'est la vieillesse et après on meurt. On ne vit plus. Dieu nous retire le souffle de vie, on peut le voir dans le passage de Ecclésiaste 12:9 « *avant que la poussière retourne à la terre, comme elle y était, et que l'esprit retourne à Dieu qui l'a donné* ». Dans l'enfance, l'on est avec nos parents et après on atteint l'âge de l'adolescence où on se rebelle. On croit tout connaître plus que nos parents. Quand on nous parle on n'écoute pas. On fait ce qu'on veut. Après on atteint nos dix-huit ans, on a entre seize et dix-huit ans, il faut avoir le baccalauréat. Et là on dit qu'on a l'âge. Entre-temps nous avons nos petits copains ou nos petites copines pour d'autres qu'on cache à papa et maman. Puis lorsqu'on a la majorité, on est peut-être à l'université ou dans une école de commerce. On dit qu'on existe. Mais on n'existe pas encore parce qu'il faut avoir ses diplômes. Il faut trouver un métier. Il faut se réaliser. Il faut devenir quelqu'un. Christ aussi a existé, il est né à Bethléem ou peut le lire dans ce passage Mathieu 2:1-15 « *Jésus étant né à Bethléhem en Judée, au temps du roi Hérode, voici des mages d'Orient arrivèrent à Jérusalem, et dirent: Où est le roi des Juifs qui vient de naître? car nous avons vu son étoile en Orient, et nous sommes venus pour l'adorer. Le roi Hérode, ayant appris cela, fut troublé, et tout Jérusalem avec lui. Il assembla tous les principaux sacrificateurs et les scribes du peuple, et il s'informa auprès d'eux où devait naître le Christ. Ils lui dirent: A Bethléhem en Judée; car voici ce qui a été écrit par le prophète: Et toi, Bethléhem, terre de Juda, Tu n'es certes pas la moindre entre les principales villes de Juda, Car de toi sortira un chef Qui paîtra Israël, mon peuple. Alors Hérode fit appeler en secret les mages, et s'enquit soigneusement auprès d'eux depuis combien de temps l'étoile brillait. Puis il les envoya à Bethléhem, en disant: Allez, et prenez des informations exactes sur le petit enfant; quand vous l'aurez trouvé, faites-le-moi savoir, afin que j'aille aussi moi-même l'adorer. Après avoir entendu le roi, ils partirent. Et voici, l'étoile qu'ils avaient vue en Orient marchait devant eux jusqu'à ce qu'étant arrivée au-dessus du lieu où était le petit enfant, elle s'arrêtât. Quand ils aperçurent l'étoile, ils furent saisis d'une très grande joie. Ils entrèrent dans la maison, virent le petit enfant avec Marie, sa mère, se prosternèrent et l'adorèrent; ils ouvrirent ensuite leurs trésors, et lui offrirent en présent de l'or, de l'encens et de la myrrhe. Puis, divinement avertis en songe de ne pas retourner vers Hérode, ils regagnèrent leur pays par un autre chemin. Lorsqu'ils furent partis, voici, un ange du Seigneur apparut en songe à Joseph, et dit: Lève-toi, prends le petit enfant et sa mère, fuis en Égypte, et restes-y jusqu'à ce que je te parle; car Hérode cherchera le petit enfant pour le faire périr. Joseph se leva, prit de nuit le petit enfant et sa mère, et se retira en Égypte. Il y resta jusqu'à la mort d'Hérode, afin que s'accomplît ce que le Seigneur avait annoncé par le prophète: J'ai appelé mon fils hors d'Égypte »*. Il a été caché pour ne pas être tué. Christ a grandi, il a parlé au temple à l'âge de douze ans, on peut le voir dans ce passage Luc 2:41-51 *« Chaque année, les parents de Jésus vont à Jérusalem pour la fête de la Pâque. Quand Jésus a douze ans, il vient avec eux, comme c'est la coutume. Après la fête, ils repartent, mais l'enfant Jésus reste à Jérusalem, et ses parents ne s'en aperçoivent pas. Ils pensent que l'enfant est avec les autres voyageurs. Ils marchent pendant une journée, puis ils se mettent à le chercher parmi leurs parents et leurs amis. Mais ils ne le trouvent pas. Alors ils retournent à Jérusalem en le cherchant. Le troisième jour, ils trouvent l'enfant dans le temple. Il est assis au milieu des maîtres juifs, il les écoute et leur pose des questions. Tous ceux qui entendent l'enfant sont surpris par ses réponses pleines de sagesse. Quand ses parents le voient, ils sont vraiment très étonnés, et sa mère lui dit : « Mon enfant, pourquoi est-ce que tu nous as fait cela ? Regarde ! Ton père et moi, nous étions très inquiets en te cherchant. » Il leur répond : « Vous m'avez cherché, pourquoi ? Vous ne savez donc pas que je dois être dans la maison de mon Père ? » Mais ses parents ne comprennent pas cette parole. Ensuite, Jésus retourne avec eux à Nazareth. Il obéit à ses parents. Sa mère garde toutes ces choses dans son cœur. »* Christ a été Charpentier. Nous pouvons le voir dans ce passage de Mathieu 13:55 *« N'est-ce pas le fils du charpentier? n'est-ce pas Marie qui est sa mère? Jacques, Joseph, Simon et Jude, ne sont-ils pas ses frères? »*. Christ à chercher sa voie. Donc on va parler de la voie.

Chapitre 2 La voie

Comme je disais tantôt on prend des chemins dans nos vies. Moi par exemple quand j'étais enfant, je ne voyais que les ministres à la télévision puisque je regardais aussi le journal avec les parents et donc je voulais devenir ministre premièrement. Ils avaient fait des études. Ils étaient éloquents et bien vêtus. Aussi j'ai entendu dire qu'il gagnait bien leur vie en Côte d'Ivoire. Ensuite je voulais devenir docteur, sauver des vies, être au petit soin avec les malades. J'aimais leur blouse blanche. Je ne pouvais pas parce que j'ai une peur bleue à la vue du sang. Après je voulais être notaire. J'ai encore changé en terminal, je voulais devenir avocat comme mon oncle Émile, défendre les clients. Je n'aime pas voir l'injustice. Malheureusement, les études de droit ne se sont pas bien déroulées et j'ai sombré dans la dépression. Après je me suis posée beaucoup de questions sur quoi faire. Je me suis intéressée à l'informatique, au développement web, à la conception d'application. J'avais lu la biographie de Bill Gates et ce métier m'a intéressé et passionné. Je suis aussi intéressée à l'immobilier et finalement j'écris et je fais de la musique. Christ aussi a cherché en répondant à l'appel de Dieu. La bien heureuse Marie, lorsque sa cousine Élisabeth attendait Jean Baptiste, elle est allée la visiter et l'enfant a tressailli en Élisabeth qui a dit à Marie qu'elle est la bien heureuse parce que l'enfant qu'elle porte en son sein est grand. C'est une grande personnalité spirituelle. C'est une enfant qui a quelque chose de sain en lui, quelque chose hors du commun. Ce fut la première connexion entre Jésus Christ et Jean Baptiste. On peut le lire dans Luc 1:39-45 « Dans les jours qui suivirent, Marie se mit en route et se rendit en hâte dans une localité de la région montagneuse de Judée. Elle entra dans la maison de Zacharie et salua Élisabeth. Au moment où celle-ci entendit la salutation de Marie, l'enfant remua en elle. Élisabeth fut remplie du Saint-Esprit et s'écria d'une voix forte: «Dieu t'a bénie plus que toutes les femmes et sa bénédiction repose sur l'enfant que tu auras! Qui suis-je pour que la mère de mon Seigneur vienne chez moi? Car, vois-tu, au moment où j'ai entendu ta salutation, l'enfant a remué de joie en moi. Tu es heureuse: tu as cru que le Seigneur accomplira ce qu'il t'a annoncé!»

Aujourd'hui on peut le voir car on parle de Jésus Christ partout. La Bible est aussi bien marquée par l'ancien et le Nouveau Testament et elle est partout. Tu vas dans les pays arabes, il y a la Bible. Tu vas dans les fins fond du monde. Il y a la Bible, on parle de Christ. On parle de Jésus. Donc Christ a suivi sa voie. Il est allé se faire baptiser par Jean Baptiste. Quand il s'est fait baptiser, une voix se retentit dans le ciel. Et cette voix a dit : « celui-là est mon fils bien aimé en qui j'ai mis toute mon affection ». On peut voir ce passage dans Mathieu 3:17 « *Et voici, une voix fit entendre des cieux ces paroles: Celui-ci est mon Fils bien-aimé, en qui j'ai mis toute mon affection* ». Dieu parlait de Jésus Christ. Dieu parlait de l'agneau pascal. Dieu parlait de celui-là même qui va revenir dans toute sa gloire pour changer l'humanité pour changer le monde. Et chacun portera sa croix. Si tu es pécheur que tu ne te repens pas de tes péchés, tu sais où tu iras après la mort ou si tu as une bonne conduite tu sais aussi où tu iras quand Christ arrivera. On peut le voir dans ce passage de Deutéronome 30:19 « *J'en prends aujourd'hui à témoin contre vous le ciel et la terre: j'ai mis devant toi la vie et la mort, la bénédiction et la malédiction. Choisis la vie, afin que tu vives, toi et ta postérité* ». Si Jésus estime que tu vis une vie qui lui ressemble tu iras au Paradis. Mais si Jésus estime que tu n'as pas la vie qui est attendue dans le ciel tu iras en enfer. Après le baptême chez Jean Baptiste, Jésus Christ est allé dans le désert pour faire quarante jours de jeûne où il sera tenté par le diable. Pourquoi Jésus a été tenté par le diable ? Pourquoi le diable a présenté à Jésus tous les royaumes pour lui dire qu'ils seront à Christ s'il se soumet à lui. On peut le voir dans ce passage Luc 4:2-13 « *où il fut tenté par le diable pendant quarante jours. Il ne mangea rien durant ces jours-là, et, après qu'ils furent écoulés, il eut faim. Le diable lui dit: Si tu es Fils de Dieu, ordonne à cette pierre qu'elle devienne du pain. Jésus lui répondit: Il est écrit: L'Homme ne vivra pas de pain seulement. Le diable, l'ayant élevé, lui montra en un instant tous les royaumes de la terre, et lui dit: Je te donnerai toute cette puissance, et la gloire de ces royaumes; car elle m'a été donnée, et je la donne à qui je veux. Si donc tu te prosternes devant moi, elle sera toute à toi. Jésus lui répondit: Il est écrit: Tu adoreras le Seigneur, ton Dieu, et tu le serviras lui seul. Le diable le conduisit encore à Jérusalem, le plaça sur le haut du temple, et lui dit: Si tu es Fils de Dieu, jette-toi d'ici en bas; car il est écrit: Il donnera des ordres à ses anges à ton sujet, Afin qu'ils te gardent; et: Ils te porteront sur les mains, De peur que ton pied ne heurte contre une pierre. Jésus lui répondit: Il est dit: Tu ne tenteras point le Seigneur, ton Dieu. Après l'avoir tenté de toutes ces manières, le diable s'éloigna de lui jusqu'à un moment favorable* ». C'est parce que le diable avait peur parce que Jésus a beaucoup plus d'autorité que lui. Ce que le diable présente à Jésus est de la magouille. Il est malhonnête parce que c'est peu si on veut estimer à la gloire et à la grandeur de Christ. La voie n'est donc pas facile. Si je prends l'exemple de Joseph dans la Bible. Pour que Joseph devienne Premier ministre, il a été vendu par ses propres frères par jalousie, on l'a mis dans le puits on l'a acheté. On a fait croire à son père qui avait été dévoré par un animal en mettant le sang d'un bouc sur le vêtement que lui avait offert son père Jacob. Parce que Jacob aimait beaucoup Joseph. On peut le voir dans ce passage Genèse 37:1-36 « *Jacob demeura dans le pays de Canaan, où avait séjourné son père. Voici la postérité de Jacob. Joseph, âgé de dix-sept ans, faisait paître le troupeau avec ses frères; cet enfant était auprès des fils de Bilha et des fils de Zilpa, femmes de son père. Et Joseph rapportait à leur père leurs mauvais propos. Israël aimait Joseph plus que tous ses autres fils, parce qu'il l'avait eu dans sa vieillesse; et il lui fit une tunique de plusieurs couleurs. Ses frères virent que leur père l'aimait plus qu'eux tous, et ils le prirent en haine. Ils ne pouvaient lui parler avec amitié. Joseph eut un songe, et il le raconta à ses frères, qui le haïrent encore davantage. Il leur dit: Écoutez donc ce songe que j'ai eu! Nous étions à lier des gerbes au milieu des champs; et voici, ma gerbe se leva et se tint debout, et vos gerbes l'entourèrent et se prosternèrent devant elle. Ses frères lui dirent: Est-ce que tu régneras sur nous? est-ce que tu nous gouverneras? Et ils le haïrent encore davantage, à cause de ses songes et à cause de ses paroles. Il eut encore un autre songe, et il le raconta à ses frères. Il dit: J'ai eu encore un songe! Et voici, le soleil, la lune et onze étoiles se prosternaient devant moi. Il le raconta à son père et à ses frères. Son père le réprimanda, et lui dit: Que signifie ce songe que tu as eu? Faut-il que nous venions, moi, ta mère et tes frères, nous prosterner en terre devant toi? Ses frères eurent de l'envie contre lui, mais son père garda le souvenir de ces choses. Les frères de Joseph étant allés à Sichem, pour faire paître le troupeau de leur père, Israël dit à Joseph: Tes frères ne font-ils pas paître le troupeau à Sichem? Viens, je veux t'envoyer vers eux. Et il répondit: Me voici! Israël lui dit: Va, je te prie, et vois si tes frères sont en bonne santé et si le troupeau est en bon état; et tu m'en rapporteras des nouvelles. Il l'envoya ainsi de la vallée d'Hébron; et Joseph alla à Sichem. Un homme le rencontra, comme il errait dans les champs. Il le questionna, en disant: Que cherches-tu? Joseph répondit: Je cherche mes frères; dis-moi, je te prie, où ils font paître leur troupeau. Et l'homme dit: Ils sont partis d'ici; car je les ai entendus dire: Allons à Dothan. Joseph alla après ses frères, et il les trouva à Dothan. Ils le virent de loin; et, avant qu'il fût près d'eux, ils complotèrent de le faire mourir. Ils se dirent l'un à l'autre: Voici le faiseur de songes qui arrive. Venez maintenant, tuons-le, et jetons-le dans une des citernes; nous dirons qu'une bête féroce l'a dévoré, et nous verrons ce que deviendront ses songes. Ruben entendit cela, et il le délivra de leurs mains. Il dit: Ne lui ôtons pas la vie. Ruben leur dit: Ne répandez point de sang; jetez-le dans cette citerne qui est au désert, et ne mettez pas la main sur lui. Il avait dessein de le délivrer de leurs mains pour le faire retourner vers son père. Lorsque Joseph fut arrivé auprès de ses frères, ils le dépouillèrent de sa tunique, de la tunique de plusieurs couleurs, qu'il avait sur lui. Ils le prirent, et le jetèrent dans la citerne. Cette citerne était vide; il n'y avait point d'eau. Ils s'assirent ensuite pour manger. Ayant levé les yeux, ils virent une caravane d'Ismaélites venant de Galaad; leurs chameaux étaient chargés d'aromates, de baume et de myrrhe, qu'ils transportaient en Égypte. Alors Juda dit à ses frères: Que gagnerons-nous à tuer notre frère et à cacher son sang? Venez, vendons-le aux Ismaélites, et ne mettons pas la main sur lui, car il est notre frère, notre chair. Et ses frères l'écoutèrent. Au passage des marchands madianites, ils tirèrent et firent remonter Joseph hors de la citerne; et ils le vendirent pour vingt sicles d'argent aux Ismaélites, qui l'emmenèrent en Égypte. Ruben revint à la citerne; et voici, Joseph n'était plus dans la citerne. Il déchira ses vêtements, retourna vers ses frères, et dit: L'enfant n'y est plus! Et moi, où irai-je? Ils prirent alors la tunique de Joseph; et, ayant tué un bouc, ils plongèrent la tunique dans le sang. Ils envoyèrent à leur père la tunique de plusieurs couleurs, en lui faisant dire: Voici ce que nous avons trouvé! Reconnais si c'est la tunique de ton fils, ou non. Jacob la reconnut, et dit: C'est la tunique de mon fils! une bête féroce l'a dévoré! Joseph a été mis en pièces! Et il déchira ses vêtements, il mit un sac sur ses reins, et il porta longtemps le deuil de son fils. Tous ses fils et toutes ses filles vinrent pour le consoler; mais il ne voulut recevoir aucune consolation. Il disait: C'est en pleurant que je descendrai vers mon fils au séjour des morts! Et il pleurait son fils. Les Madianites le vendirent en Égypte à Potiphar, officier de Pharaon, chef des gardes. »*

La voie peut être droite comme il peut y avoir des problèmes, des difficultés. Jésus a été protégé par ses parents quand il était encore enfant parce qu'Hérode voulait le tué. Ensuite le diable vient encore le tenter. Donc quand nous vivons, en tant qu'être humain qui avons fait des études. On cherche notre voie. Alors quand on a le baccalauréat ou même le brevet, on cherche à s'orienter, certains vont en série littéraire d'autres en série scientifique. Après le baccalauréat, l'on va à l'université ou en grande école parce que d'autres veulent devenir, avocat, médecin, juge, pilote, ingénieur, chimiste, hommes d'affaires, homme politique. On veut faire plein de choses. La voie n'est pas toute droite, il y a des embûches, des échecs. Moi par exemple j'ai connu des difficultés, des échecs à l'université. J'ai fait trois fois la première année en changeant de filières. Je n'arrivais pas à trouver ma voie. Je n'arrivais pas à valider mes examens. Je me cherchais. La voie peut être droite où on réussit facilement. On n'avance. Parce que j'avais des amis qui avançaient facilement. Ils validaient leurs années jusqu'en Licence. Et moi j'étais là à reprendre les années. Donc je tournais en rond. Alors on a parlé de la voie. Nous allons parler du désert.

Chapitre 3 Le désert

C'est quoi le désert ? Le désert c'est un endroit aride. C'est un endroit où on ne voit personne. En général dans le désert, il n'y a que le sable. Souvent les gens quand ils viennent, ils viennent avec des chameaux. Le désert il y en a au Mali dans le Sahel, dans les pays arabes comme Dubaï. Dubaï a été construite dans le désert. Mais le désert nous forge un caractère. Et Christ a fait quarante jours de jeûne dans le désert où il a été tenté par le diable parce que le diable voulait court-circuiter la voie, c'est-à-dire le plan de Dieu pour sa vie et le début de son ministère. Qu'est ce qui se passe dans le désert ? Dans le désert tu es seul. Je dis que le puits de Joseph est son désert. L'achat de Joseph dans la Bible est son désert. Lorsque Joseph était avec Potiphar et que sa femme voulait sortir avec lui c'est son désert. Joseph en prison c'est son désert. Tu n'as pas encore atteint ton objectif. Tu n'as pas encore atteint le privilège, l'ascension. Moi je peux dire que mon désert à moi c'est lorsque j'ai sombré dans la dépression. Dans la dépression j'ai tout perdu, les études, les amis, ma dignité. J'ai perdu ma santé. J'ai tout perdu. Ceux qui me parlaient avant avec respect et considération ont commencé à me ridiculiser, à m'ignorer, à me rabaisser. Or c'est mon désert. Alors on a parlé de l'existence, de la voie et du désert. Dans le désert, tu es seul et tu es face à ton destin. Dès fois tu as envie de te suicider à cause des problèmes. Dès fois tu es chez toi, tu ne veux pas sortir du tout, tu veux rester à la maison. Mais le désert ne s'arrête pas. Moi le désert je l'ai connu quand j'étais à Toulouse. Je l'ai connu quand je suis retournée en Côte d'Ivoire. À Abidjan j'ai été malade, je ne faisais que rechuter. J'ai même tenté de me suicider ça aussi c'est le désert. J'étais toute seule abandonnée de tous à part ma famille. Mais j'avais Dieu. Parce que Dieu n'abandonne pas ses enfants. Dieu il est présent pour nous les croyants et moi je crois que Dieu il existe parce que les choses ne peuvent pas se faire d'elles-mêmes. Il faut un créateur. Il faut quelqu'un qui mette à existence les choses. Même un enfant pour naître il faut que papa et maman se connaissent. Pour la vie, il faut un créateur. Pour moi Dieu existe bel et bien. Les choses ne se font pas d'elles-mêmes comme cela. Donc Jésus a vaincu le désert. Il a vaincu la solitude avant d'entrer dans son ministère. Maintenant nous allons parler du ministère.

Chapitre 4 Le ministère

Souvent certains hommes de Dieu lorsqu'ils prêchent parlent des différents types de ministère et on peut le voir dans ce passage d'Ephésiens 4:11 « *Et il a donné les uns comme apôtres, les autres comme prophètes, les autres comme évangélistes, les autres comme pasteurs et docteurs* ». La Bible nous parle du ministère d'apôtre, de prophète, d'évangéliste, de pasteur et de docteur. Mais le ministère c'est ton travail, c'est ton activité. Celui qui est mécanicien, son ministère c'est la mécanique. Celui qui est chauffeur son ministère est son métier. C'est là où tu brilles. Là où Dieu te bénit. C'est là où tu montres ton talent, ton don. C'est cela ton ministère parce que Dieu a dit qu'il nous donnera des dons on peut voir cela dans ce passage 1 Corinthiens 12:1-28 «*Pour ce qui concerne les dons spirituels, je ne veux pas, frères, que vous soyez dans l'ignorance. Vous savez que, lorsque vous étiez païens, vous vous laissiez entraîner vers les idoles muettes, selon que vous étiez conduits. C'est pourquoi je vous déclare que nul, s'il parle par l'Esprit de Dieu, ne dit: Jésus est anathème! et que nul ne peut dire: Jésus est le Seigneur! si ce n'est par le Saint-Esprit. Il y a diversité de dons, mais le même Esprit; diversité de ministères, mais le même Seigneur; diversité d'opérations, mais le même Dieu qui opère tout en tous. Or, à chacun la manifestation de l'Esprit est donnée pour l'utilité commune. En effet, à l'un est donnée par l'Esprit une parole de sagesse; à un autre, une parole de connaissance, selon le même Esprit; à un autre, la foi, par le même Esprit; à un autre, le don des guérisons, par le même Esprit; à un autre, le don d'opérer des miracles; à un autre, la prophétie; à un autre, le discernement des esprits; à un autre, la diversité des langues; à un autre, l'interprétation des langues. Un seul et même Esprit opère toutes ces choses, les distribuant à chacun en particulier comme il veut. Car, comme le corps est un et a plusieurs membres, et comme tous les membres du corps, malgré leur nombre, ne forment qu'un seul corps, ainsi en est-il de Christ. Nous avons tous, en effet, été baptisés dans un seul Esprit, pour former un seul corps, soit Juifs, soit Grecs, soit esclaves, soit libres, et nous avons tous été abreuvés d'un seul Esprit. Ainsi le corps n'est pas un seul membre, mais il est formé de plusieurs membres. Si le pied disait: Parce que je ne suis pas une main, je ne suis pas du corps, ne serait-il pas du corps pour cela? Et si l'oreille disait: Parce que je ne suis pas un oeil, je ne suis pas du corps, ne serait-elle pas du corps pour cela? Si tout le corps était oeil, où serait l'ouïe? S'il était tout ouïe, où serait l'odorat? Maintenant Dieu a placé chacun des membres dans le corps comme il a voulu. Si tous étaient un seul membre, où serait le corps? Maintenant donc il y a plusieurs membres, et un seul corps. L'oeil ne peut pas dire à la main: Je n'ai pas besoin de toi; ni la tête dire aux pieds: Je n'ai pas besoin de vous. Mais bien plutôt, les membres du corps qui paraissent être les plus faibles sont nécessaires et ceux que nous estimons être les moins honorables du corps, nous les entourons d'un plus grand honneur. Ainsi nos membres les moins honnêtes reçoivent le plus d'honneur, tandis que ceux qui sont honnêtes n'en ont pas besoin. Dieu a disposé le corps de manière à donner plus d'honneur à ce qui en manquait, afin qu'il n'y ait pas de division dans le corps, mais que les membres aient également soin les uns des autres. Et si un membre souffre, tous les membres souffrent avec lui; si un membre est honoré, tous les membres se réjouissent avec lui. Vous êtes le corps de Christ, et vous êtes ses membres, chacun pour sa part. Et Dieu a établi dans l'Église premièrement des apôtres, secondement des prophètes, troisièmement des docteurs, ensuite ceux qui ont le don des miracles, puis ceux qui ont les dons de guérir, de secourir, de gouverner, de parler diverses langues. Tous sont-ils apôtres? Tous sont-ils prophètes? Tous sont-ils docteurs? Tous ont-ils le don des miracles? Tous ont-ils le don des guérisons? Tous parlent-ils en langues? Tous interprètent-ils? Aspirez aux dons les meilleurs. Et je vais encore vous montrer une voie par excellence »*. Donc une femme qui fait la coiffure, la couture, le commerce. Elle a un don donc c'est cela son ministère. Jésus va commencer son ministère, il va aller croiser deux frères, Simon appelé Pierre et André qui jetaient leur filet dans la mère. Il va leur dire qu'il veut faire d'eux des pécheurs d'homme et il va leur demander de tout abandonner. On peut voir ce passage dans Mathieu 4:18-20 « *Comme il marchait le long de la mer de Galilée, il vit deux frères, Simon, appelé Pierre, et André, son frère, qui jetaient un filet dans la mer; car ils étaient pêcheurs. Il leur dit: Suivez-moi, et je vous ferai pêcheurs d'hommes. Aussitôt, ils laissèrent les filets, et le suivirent* ». Mais il ne peut pas leur demander de tout abandonner du jour au lendemain car eux, ils ne vivent que de la pêche. Alors le signe pour qu'il le suive a été de pêcher beaucoup de poissons. Car toute la journée ils avaient tenté de pêcher du poisson mais ils n'avaient pas de poisson. Et lorsqu'ils vont lancer les filets sous l'ordre de Jésus. Ils vont prendre tellement de poissons que même les filets auront du mal à attraper les poissons. C'est l'un des miracles de Jésus. On peut le voir dans ce passage de Luc 5:1-11 « *Comme Jésus se trouvait auprès du lac de*

Génésareth, et que la foule se pressait autour de lui pour entendre la parole de Dieu, il vit au bord du lac deux barques, d'où les pêcheurs étaient descendus pour laver leurs filets. Il monta dans l'une de ces barques, qui était à Simon, et il le pria de s'éloigner un peu de terre. Puis il s'assit, et de la barque il enseignait la foule. Lorsqu'il eut cessé de parler, il dit à Simon: Avance en pleine eau, et jetez vos filets pour pêcher. Simon lui répondit: Maître, nous avons travaillé toute la nuit sans rien prendre; mais, sur ta parole, je jetterai le filet. L'ayant jeté, ils prirent une grande quantité de poissons, et leur filet se rompait. Ils firent signe à leurs compagnons qui étaient dans l'autre barque de venir les aider. Ils vinrent et ils remplirent les deux barques, au point qu'elles enfonçaient. Quand il vit cela, Simon Pierre tomba aux genoux de Jésus, et dit: Seigneur, retire-toi de moi, parce que je suis un homme pécheur. Car l'épouvante l'avait saisi, lui et tous ceux qui étaient avec lui, à cause de la pêche qu'ils avaient faite. Il en était de même de Jacques et de Jean, fils de Zébédée, les associés de Simon. Alors Jésus dit à Simon: Ne crains point; désormais tu seras pêcheur d'hommes. Et, ayant ramené les barques à terre, ils laissèrent tout, et le suivirent ». Jésus avait un ministère prophétique. Il était prophète car lui-même est miraculeux parce que l'ange Gabriel avait visité Marie pour lui dire que de son sein naîtra le fils de Dieu. On peut le voir dans ce passage Luc 1:26-38 *« Au sixième mois, l'ange Gabriel fut envoyé par Dieu dans une ville de Galilée, appelée Nazareth, auprès d'une vierge fiancée à un homme de la maison de David, nommé Joseph. Le nom de la vierge était Marie. L'ange entra chez elle, et dit: Je te salue, toi à qui une grâce a été faite; le Seigneur est avec toi. Troublée par cette parole, Marie se demandait ce que pouvait signifier une telle salutation. L'ange lui dit: Ne crains point, Marie; car tu as trouvé grâce devant Dieu. Et voici, tu deviendras enceinte, et tu enfanteras un fils, et tu lui donneras le nom de Jésus. Il sera grand et sera appelé Fils du Très Haut, et le Seigneur Dieu lui donnera le trône de David, son père. Il règnera sur la maison de Jacob éternellement, et son règne n'aura point de fin. Marie dit à l'ange: Comment cela se fera-t-il, puisque je ne connais point d'homme? L'ange lui répondit: Le Saint-Esprit viendra sur toi, et la puissance du Très Haut te couvrira de son ombre. C'est pourquoi le saint enfant qui naîtra de toi sera appelé Fils de Dieu. Voici, Élisabeth, ta parente, a conçu, elle aussi, un fils en sa vieillesse, et celle qui était appelée stérile est dans son sixième mois. Car rien n'est impossible à Dieu. Marie dit: Je suis la servante du Seigneur; qu'il me soit fait selon ta parole! Et l'ange la quitta »*. Aussi parce que quand il est né les rois mages sont venus l'adorée. Ils ont apporté des présents. Ils ne retournèrent pas chez Hérode. Ils ont pris un autre chemin. Car Hérode cherchait à faire mourir l'enfant. On peut le voir dans ce passage Mathieu 2:1-15. Jésus est un enfant qui est spécial. Nous tous qui prions Christ avons un ministère. Nous avons quelque chose que nous devons faire sur la terre qui peut réjouir le cœur de Dieu. Et comme je l'ai dit plus haut ça peut être un métier, une activité, un travail. C'est cela ton ministère. Tu dois bien le faire.

Le ministère prophétique est vaste, le ministère des évangélistes, des pasteurs, des apôtres, des docteurs. Ce sont des ministères qui sont très vastes. Alors le ministère n'est pas facile, c'est comme un métier quand tu le commences ce n'est pas facile. Parce qu'au départ Simon appelé Pierre ne voulait pas suivre Jésus. Imagine que tu travailles pour gagner ta vie et quelqu'un te dit de tout abandonner pour le suivre. Tu vas refuser. Devenir pécheur d'hommes qu'est-ce à dire ? Or Jésus faisait cela pour amener des gens à aller dans le royaume des cieux. On a parlé de l'existence. La finalité de l'existence c'est le royaume des cieux. La finalité de l'existence de ce pour quoi on vit, on se bat, on fait tout dans la vie. La finalité c'est le royaume des cieux. On n'est pas né seulement pour travailler, faire des enfants, manger et dormir. On n'est né pour vivre la vie selon le plan de Dieu, selon le plan de Christ, selon la vie de Christ et comme Christ. Après la mort rejoindre Christ. Il peut venir aussi avant ta mort car Christ à dit qu'il viendra comme un voleur. On peut voir ce passage dans 2 Pierre 3:10-18. Jésus avait un ministère prophétique. Il a fait plein de miracles. Il a guéri des malades. Il a guéri des aveugles, des lépreux, des fous. Il a ressuscité des morts. Joseph aussi avait un don parce que quand il a été emprisonné c'est son don qui l'a permis de sortir de prison. Il avait le don d'interprétation des songes. On peut le voir dans ce passage Genèse 41. Nous allons parler maintenant du don qui découle du ministère.

Chapitre 5 Le don

Joseph avait un don. C'est à cause de ce don que ses frères l'ont attaqué. Parce qu'il a dit un jour qu'il a fait un songe et que sa gerbe était debout et les gerbes de ses frères l'entourèrent et se prosternèrent devant sa gerbe. On peut le voir dans ce passage de Genèse 37:5 « *Joseph eut un songe, et il le raconta à ses frères, qui le haïrent encore davantage* ». Ensuite un autre songe où il disait que le soleil, la lune et les étoiles se prosternaient devant lui. On peut le voir au passage de Genèse 37:9 « *Il eut encore un autre songe, et il le raconta à ses frères. Il dit: J'ai eu encore un songe! Et voici, le soleil, la lune et onze étoiles se prosternaient devant moi* ». Ce qui remplit de jalousie et de haine ses frères. Son père le réprimanda car il faisait trop de songes. Ses propres frères ont voulu le détruire. Aussi parce que Jacob l'avait eu dans la vieillesse et qu'il l'aimait beaucoup. C'est à cause des songes que Joseph a été vendu. En ce qui concerne Jésus quand il est né les rois mages ont dit à Hérode que le roi est né. C'est pour cela qu'Hérode a voulu attenter à sa vie. Donc tu peux avoir un don et ce don peut être problématique pour toi parce que dans ta famille ou parmi tes amis des gens peuvent être jaloux de toi. Ils peuvent même prendre ta photo, envoyer chez un mystique, un marabout ou un féticheur pour te faire du mal. Moi par exemple : j'ai été très malade et c'était très mystique parce que j'ai senti un esprit passer par la fenêtre de ma chambre alors que je dormais. L'esprit qui avait l'aspect d'un grand oiseau m'a touché le côté gauche de la tête et le lendemain j'ai commencé à délirer. C'était en

2011. C'est pour dire que lorsque tu as une grande étoile ou un don quelconque. Le diable regarde et il veut te détruire. Ce fut le cas de Job dans la bible. Le diable savait que Job était un homme qui était intègre et droit, qui craignait Dieu et qui se détourne du mal. Il l'attaqua. Job perdu tout. Il tomba malade. On peut le voir dans ce passage de la bible Job 1 « *Il y avait dans le pays d'Uts un homme qui s'appelait Job. Et cet homme était intègre et droit; il craignait Dieu, et se détournait du mal. Il lui naquit sept fils et trois filles. Il possédait sept mille brebis, trois mille chameaux, cinq cents paires de bœufs, cinq cents ânesses, et un très grand nombre de serviteurs. Et cet homme était le plus considérable de tous les fils de l'Orient. Ses fils allaient les uns chez les autres et donnaient tour à tour un festin, et ils invitaient leurs trois sœurs à manger et à boire avec eux. Et quand les jours de festin étaient passés, Job appelait et sanctifiait ses fils, puis il se levait de bon matin et offrait pour chacun d'eux un holocauste; car Job disait: Peut-être mes fils ont-ils péché et ont-ils offensé Dieu dans leur cœur. C'est ainsi que Job avait coutume d'agir. Or, les fils de Dieu vinrent un jour se présenter devant l'Éternel, et Satan vint aussi au milieu d'eux. L'Éternel dit à Satan: D'où viens-tu? Et Satan répondit à l'Éternel: De parcourir la terre et de m'y promener. L'Éternel dit à Satan: As-tu remarqué mon serviteur Job? Il n'y a personne comme lui sur la terre; c'est un homme intègre et droit, craignant Dieu, et se détournant du mal. Et Satan répondit à l'Éternel: Est-ce d'une manière désintéressée que Job craint Dieu? Ne l'as-tu pas protégé, lui, sa maison, et tout ce qui est à lui? Tu as béni l'œuvre de ses mains, et ses troupeaux couvrent le pays. Mais étends ta main, touche à tout ce qui lui appartient, et je suis sûr qu'il te maudit en face. L'Éternel dit à Satan: Voici, tout ce qui lui appartient, je te le livre; seulement, ne porte pas la main sur lui. Et Satan se retira de devant la face de l'Éternel. Un jour que les fils et les filles de Job mangeaient et buvaient du vin dans la maison de leur frère aîné, il arriva auprès de Job un messager qui dit: Les bœufs labouraient et les ânesses paissaient à côté d'eux; des Sabéens se sont jetés dessus, les ont enlevés, et ont passé les serviteurs au fil de l'épée. Et je me suis échappé moi seul, pour t'en apporter la nouvelle. Il parlait encore, lorsqu'un autre vint et dit: Le feu de Dieu est tombé du ciel, a embrasé les brebis et les serviteurs, et les a consumés. Et je me suis échappé moi seul, pour t'en apporter la nouvelle. Il parlait encore, lorsqu'un autre vint et dit: Des Chaldéens, formés en trois bandes, se sont jetés sur les chameaux, les ont enlevés, et ont passé les serviteurs au fil de l'épée. Et je me suis échappé moi seul, pour t'en apporter la nouvelle. Il parlait encore, lorsqu'un autre vint et dit: Tes fils et tes filles mangeaient et buvaient du vin dans la maison de leur frère aîné; et voici, un grand vent est venu de l'autre côté du désert, et a frappé contre les quatre coins de la maison; elle s'est écroulée sur les jeunes gens, et ils sont morts. Et je me suis échappé moi seul, pour t'en apporter la nouvelle. Alors Job se leva, déchira son manteau, et se rasa la tête; puis, se jetant par terre, il se prosterna, et dit: Je suis sorti nu du sein de ma mère, et nu je retournerai dans le sein de la terre. L'Éternel a donné, et l'Éternel a ôté; que le nom de l'Éternel soit béni! En tout cela, Job ne pécha point et n'attribua rien d'injuste à Dieu ».*

Et Job 2 « *Or, les fils de Dieu vinrent un jour se présenter devant l'Éternel, et Satan vint aussi au milieu d'eux se présenter devant l'Éternel. L'Éternel dit à Satan: D'où viens-tu? Et Satan répondit à l'Éternel: De parcourir la terre et de m'y promener. L'Éternel dit à Satan: As-tu remarqué mon serviteur Job? Il n'y a personne comme lui sur la terre; c'est un homme intègre et droit, craignant Dieu, et se détournant du mal. Il demeure ferme dans son intégrité, et tu m'excites à le perdre sans motif. Et Satan répondit à l'Éternel: Peau pour peau! tout ce que possède un homme, il le donne pour sa vie. Mais étends ta main, touche à ses os et à sa chair, et je suis sûr qu'il te maudit en face. L'Éternel dit à Satan: Voici, je te le livre: seulement, épargne sa vie. Et Satan se retira de devant la face de l'Éternel. Puis il frappa Job d'un ulcère malin, depuis la plante du pied jusqu'au sommet de la tête. Et Job prit un tesson pour se gratter et s'assit sur la cendre. Sa femme lui dit: Tu demeures ferme dans ton intégrité! Maudis Dieu, et meurs! Mais Job lui répondit: Tu parles comme une femme insensée. Quoi! nous recevons de Dieu le bien, et nous ne recevrions pas aussi le mal! En tout cela Job ne pécha point par ses lèvres. Trois amis de Job, Éliphaz de Théman, Bildad de Schuach, et Tsophar de Naama, apprirent tous les malheurs qui lui étaient arrivés. Ils se concertèrent et partirent de chez eux pour aller le plaindre et le consoler! Ayant de loin porté les regards sur lui, ils ne le reconnurent pas, et ils élevèrent la voix et pleurèrent. Ils déchirèrent leurs manteaux, et ils jetèrent de la poussière en l'air au-dessus de leur tête. Et ils se tinrent assis à terre auprès de lui sept jours et sept nuits, sans lui dire une parole, car ils voyaient combien sa douleur était grande ».*

C'est Dieu qui donne le don. Il y a des gens qui ne vont pas à l'école pour apprendre certaines choses. Ils ont cette facilité ou cette capacité de faire les choses de manière simple, rapide et formidable. Il y a des gens qui n'ont jamais piloté un avion mais il suffit de leur indiquer un peu et il pilote l'avion de même pour le bateau et la voiture. Il y a des gens qui n'ont jamais chanté, on les met devant un public. Ils égaient le public. Il y a des personnes qui n'ont jamais prêché, on leur donne la Bible. Ils égaient la foule. Jésus Christ avait les dons de l'esprit. Notre existence est rattachée à la vie éternelle. C'est cela la finalité aller au ciel. Il faut savoir que pour aller au ciel, il faut Jésus Christ de Nazareth. Jésus est la pièce maîtresse. C'est lui qui nous permet d'aller au ciel. Donc une fois qu'on a un don il y a des attaques. Jésus a été beaucoup attaqué par les pharisiens à qui il disait régulièrement qu'ils sont des langues de vipère. Parce que les pharisiens disaient que c'est par les démons que Jésus chasse les démons, on peut le voir dans ce passage de Mathieu 9:34 « *Mais les pharisiens dirent: C'est par le prince des démons qu'il chasse les démons* ». Jésus a été injurié, insulté, méprisé par les gens de la loi, par les juifs. Toi aussi dans ta vie, tu seras attaqué. Certainement parce que tu dis une vérité qui ne plaît pas à tout le monde. C'est ainsi que des prophètes ont été persécutés. Certains hommes de Dieu, arrêtés parce qu'ils disent des vérités qui n'arrangent pas certaines politiques. Il y a certains hommes de Dieu qui ont beaucoup de fidèles, d'âmes. Cela crée de la jalousie, ils sont attaqués. Souvent on dit que leurs miracles sont de faux miracles pour certains, des miracles qui sont arrangés. Souvent aussi on dit que leurs prophéties sont de fausses prophéties. Donc ce sont des hommes de Dieu qui sont attaqués. Donc quand tu as le don, tu es attaqué mais tu n'es pas attaqué par les humains même si ce sont eux que tu vois mais tu es attaqué par le diable.

Chapitre 6 Les attaques

Pourquoi tu es attaqué ? Tu es attaqué parce que tu as quelque chose. Parce que tu es spécial. Tu n'es pas attaqué simplement. Tu peux être attaqué par ta famille. Tu peux être attaqué par ta femme. Nous pouvons prendre le cas de Délila et Samson. Samson était un oint de l'Éternel. Tu peux être attaqué par ton mari. Tu peux être attaqué par tes frères ce fut le cas de Joseph. Il a été attaqué par ses frères de sang. Parce qu'il avait quelque chose. Parce qu'il était spécial. Tous les enfants de Dieu sont spéciaux. Ils ont quelque chose de précieux qu'ils portent en eux. Souvent le diable détourne les enfants de Dieu de la bonne voie. Je ne les juge pas mais c'est un fait. Vous pouvez voir des gens qui se droguent et s'autodétruisent. Des personnes qui se prostituent et qui contractent des maladies incurables, des personnes qui vivent dans la débauche. Souvent ces personnes ont de grandes étoiles. Donc tu es attaqué à cause de ton étoile. Tu es attaqué parce que tu as quelque chose de puissant sur toi, de fort. Quand le diable voit la lumière qu'il y a en toi. Il ne veut pas te laisser tranquille. Il veut éteindre cette lumière. Il veut te détruire car il est jaloux. Il veut te prendre pour que tu partes à la perdition. Il veut que tu le suives pour aller en enfer avec lui parce qu'il sait que le temps va arriver où il sera dans le feu ardent. Il veut t'emmener avec lui dans ce feu. C'est pour cela que tu es attaqué. Tu es attaqué à cause de ton étoile, à cause de quelque chose qui est brut. C'est comme une pierre précieuse qui est brute. Parce que tu dégages quelque chose de surnaturel, de spirituellement puissant et grand.

Chapitre 7 L'étoile

Jésus Christ quand il est né, son étoile était visible. Les rois mages ont vu son étoile. Ils ont cherché à le protéger. Mais le diable aussi a vu l'étoile. Hérode a cherché à tuer l'enfant. Donc quand tu as une étoile, il y a des gens qui vont chercher à te protéger. Déjà tes parents vont chercher à te protéger. Souvent aussi le diable voit ton étoile et il veut chercher à te tuer. C'est pour cela qu'on voit certaines femmes enceintes faire une fausse couche. Soit le mois de la naissance de leur enfant n'arrive pas et elles perdent leur bébé. Soit pour accoucher, elles accouchent par césarienne. L'accouchement est difficile. Voilà des signes. Ou l'enfant quand il naît. Il est beaucoup malade. L'enfant tend à mourir. Voilà des signes parce que l'enfant a une grande étoile. Une étoile veut dire une star. Cela veut dire que tu va devenir quelqu'un de grand. Tu vas devenir quelqu'un de puissant. Tu vas devenir quelqu'un d'important dans ce monde. Ta renommée ce n'est pas seulement dans ton quartier. Ta renommée ce n'est pas seulement dans ton pays. Ta renommée c'est interplanétaire. Moi, je suis ivoirienne d'origine. Mais lorsqu'on dit le nom du footballeur Didier Drogba. Partout où tu passes, il suffit de dire son nom qu'on dit waouh ! Celui-là il a marqué son existence. Quand tu dis Mickael Jackson, tu dis waouh ! Celui-là, il a marqué son existence. C'est le roi de la pop music. Un artiste qui a marqué sa génération. Quand tu dis Benson Idahosa, tu dis waouh. Celui-là il a marqué son existence. Il était un grand prédicateur et il a fait plusieurs miracles. Quand tu dis Jean Paul II, tu dis waouh ! Celui-là il a marqué son existence. Peu importe la vie qu'ils ont menée mais ils avaient une grande étoile. Il y a une chose qu'il faut savoir. Jésus peut te donner une grande étoile mais le diable aussi peut te donner une grande étoile. Le diable peut prendre l'étoile que Dieu t'a donnée et modifier en sa faveur. Tu es soumis à sa volonté. C'est ainsi que les gens vont chez les marabouts, les féticheurs, les mystiques pour devenir des gens important. Mais lorsqu'ils vont voir ces personnes. Il leur demande forcément quelque chose en échange. Au départ on peut leur demander de l'argent pour faire des sacrifices avec des poulets, des moutons, des bœufs. Et après on demande les gens de leur propre famille ; leur maman, leur papa, leur frère ou leur sœur. Souvent on peut leur demander leur propre enfant en sacrifice ou des personnes lambda qui sont proches d'eux pour que tu puisses toujours faire des sacrifices jusqu'à ta mort. Sinon si tu ne le fais pas c'est toi qu'ils vont réclamer, une partie de ton corps en le rendant malade avec des maladies incurables ou la mort au final. Or Jésus ne demande rien. Quand tu le suis, il ne te demande rien. Au contraire, il te bénit en te donnant des choses en rendant ta vie meilleure. Il te protège. Donc on a notre existence qui est liée à deux entités. Soit notre existence est liée à l'entité, Dieu. Soit notre existence est liée à l'entité, diable.

Chapitre 8 L'entité

L'entité c'est la divinité. Il y a Dieu c'est une entité. Il est le garant de notre vie sur terre. C'est Dieu qui nous bénit. C'est Dieu qui nous protège. C'est Dieu qui nous donne le souffle de vie comme je l'ai dit dès le départ. L'existence, la respiration, la santé, c'est Dieu qui nous donne tout cela. Maintenant celui qui vient pour nous voler tout cela c'est le diable. Ils viennent nous voler nos biens. La Bible dit qu'il vient pour voler, égorger et détruire. On peut le voir dans ce passage de Jean 10:10 « *Le voleur ne vient que pour dérober, égorger et détruire; moi, je suis venu afin que les brebis aient la vie, et qu'elles soient dans l'abondance »*. On a aussi des anges, je peux citer quelques-uns ange Mickael, ange Uriel et ange Gabriel, c'est lui qui est apparu à Marie. Nous avons les saints. Ils sont dans le ciel. Ils veillent sur nous. Ils nous protègent. C'est pour cela que nous les chrétiens catholiques lorsqu'on prie. On dit saint Joseph, saint Paul prié pour nous. Parce que les saints aussi dans le ciel et ils nous protègent. Ils nous gardent. Dieu est une entité protectrice. Le diable est une entité destructrice. Le diable détruit tout. Mais au travers de quoi le diable détruit beaucoup les choses ? Le diable détruit notre étoile pour qu'on ne devienne pas une personne selon le cœur et le plan de Dieu. Le diable détruit nos projets. Donc soit tu travailles pour Dieu, soit tu travailles pour le diable et ce pour tout ce que tu fais dans la vie. Nous avons des personnes qui posent de mauvaises actions sur la terre. Je ne les juge pas. Mais nous avons des criminels, des gens de mauvaises vies. Ce sont des gens qui sont animés ou influencés par le diable. Ils sont influencés par le péché. Nous avons l'entité Dieu qui est le bien. Et des gens qui font des choses bien dans leur vie comme les serviteurs et les servantes de Dieu. Ou des gens qui ne sont pas des serviteurs ou des servantes de Dieu mais qui on une vie qui ressemble à celle de Dieu. Mais si on parle de Dieu. Il faut parler aussi de Christ. Quand j'ai commencé à vous écrire sur ce sujet, de ce que vous allez lire. J'ai parlé de la vie de Christ. C'est quoi la vie de Christ ? Pourquoi est-ce que notre existence est liée à celle de Christ ? En quoi notre existence est liée à celle de Christ. Notre existence est liée à celle de Christ parce que Christ est le fils de Dieu. Christ est venu sur la terre pour nous sauver. Donc Christ qui est un don de Dieu est venu nous délivrer du péché. De ce pourquoi le diable nous accuse chaque jour auprès de Dieu. Nous pouvons le voir dans ce passage de Zacharie 3:1 *« Il me fit voir Josué, le souverain sacrificateur, debout devant l'ange de l'Éternel, et Satan qui se tenait à sa droite pour l'accuser »*. Premièrement, il y a eu le déluge de Noé où Dieu était fâché contre les humains. Dieu avait exterminé tous les humains et c'était repenti de les avoir créés à cause de leur méchanceté. Dieu avait vu en Noé un homme intègre. On peut le voir dans le livre de la Genèse 6:9 *« Voici la postérité de Noé. Noé était un homme juste et intègre dans son temps; Noé marchait avec Dieu »*. Il a donc dit qu'il ne détruirait plus la terre. Nous pouvons le voir dans ce passage de Genèse 9:11 *« J'établis mon alliance avec vous: aucune chair ne sera plus exterminée par les eaux du déluge, et il n'y aura plus de déluge pour détruire la terre »*. Deuxièmement il détruit Sodome et Gomorrhe car l'homme ne changea pas. Il dit encore qu'il ne détruira plus la terre à cause de son serviteur Abraham. Nous pouvons le voir dans Genèse 19:21 *« Et il lui dit: Voici, je t'accorde encore cette grâce, et je ne détruirai pas la ville dont tu parles »*. Nous sommes les descendants de Noé, d'Abraham, Jacob ainsi de suite. Nous sommes liés par Dieu au travers de Christ car Dieu a donné son fils unique en sacrifice pour que nous soyons sauvés pour que nous ayons la vie éternelle. La finalité de toute chose dans cette vie c'est la vie éternelle. Aussi Jésus Christ quand il a été sur la terre ça n'a pas été facile.

Chapitre 9 Difficulté de la vie en Christ

Nous allons parler des persécutions. Souvent quand on vit, on a des problèmes, des difficultés, des soucis. Pourquoi on a des problèmes ? Parce que déjà à la création du monde, au temps d'Adam et Eve. Eve a mangé la pomme. Adam a mangé la pomme. Dieu les a chassés du jardin d'Eden. Dieu les a maudits. Dieu a dit que l'homme travaillera à la sueur de son front, la terre sera aride et que la femme aura des douleurs pour enfanter. Aussi la femme sera soumise à l'homme. Les difficultés de l'être humain partent de la désobéissance d'Adam et d'Eve. Cela peut se voir dans notre quotidien. Si tu ne travailles pas, tu ne peux pas avoir de l'argent pour tes besoins vitaux. Tu ne peux pas avoir la subsistance nécessaire pour vivre. C'est encore plus difficile quand tu as un handicap. Dans les pays africains c'est encore plus difficile. Les aides sont minimes pour les handicapés. La vie est difficile pour certaines personnes. C'est compliqué. C'est très difficile. Jésus a été persécuté comme certains hommes de Dieu qui sont persécutés dans le monde, d'autres sont emprisonnés, d'autres sont tués parce qu'ils disent ce qu'ils reçoivent de Christ. Il y a des gens qui sont malades. Il y a des gens qui perdent leur travail. Il y a des personnes innocentes qui se retrouvent dans des situations difficiles comme dans les prisons parce qu'elles sont persécutées tout simplement. Les difficultés de la vie viennent depuis la création du monde. On peut le voir dans ce passage de Genèse 3. C'est pour cela que Jésus est venu sur la terre des hommes. Pour que j'aie le salut et pour que tu es le salut. Il est venu pour que nous ayons la paix. Nous pouvons le voir dans ce passage de Psaume 147:3 « *Il guérit ceux qui ont le cœur brisé, Et il panse leurs blessures* ». Et Esaïe 61:1 « *L'esprit du Seigneur, l'Éternel, est sur moi, Car l'Éternel m'a oint pour porter de bonnes nouvelles aux malheureux; Il m'a envoyé pour guérir ceux qui ont le cœur brisé, Pour proclamer aux captifs la liberté, Et aux prisonniers la délivrance* ». Il est venu pour que nous soyons sauvés. Il est venu pour que tu ne pleures plus. Pour que tu ne souffres plus. La nouvelle Jérusalem est faite de pierre précieuse. On peut le lire dans l'apocalypse de Jean 21 « *Et je vis un nouveau ciel et une nouvelle terre; car le premier ciel et la première terre avaient disparu, et il n'y avait plus de mer. Et je vis descendre du ciel, d'auprès de Dieu, la Ville sainte, une Jérusalem nouvelle, vêtue comme une nouvelle mariée parée pour son époux. Et j'entendis une voix forte qui disait: "Voici le tabernacle de Dieu avec les hommes: il habitera avec eux, et ils seront son peuple; et lui-même il sera le Dieu avec eux, il sera leur Dieu. Et Dieu essuiera toute larme de leurs yeux, et la mort ne sera plus, et il n'y aura plus ni deuil, ni cri, ni douleur, car les premières choses ont disparu. Et Celui qui était assis sur le trône, dit: Voici que je fais toutes choses nouvelles. "Et il ajouta: "Écris, car ces paroles sont sûres et véritables. Puis il me dit: "C'est fait! Je suis l'alpha et l'oméga, le commencement et la fin. À celui qui a soif, je donnerai gratuitement de la source de l'eau de la vie. Celui qui vaincra possédera ces choses; je serai son Dieu et il sera mon fils. Mais pour les lâches, les incrédules, les abominables les meurtriers, les impudiques, les magiciens, les idolâtres et tous les menteurs, leur part est dans l'étang ardent de feu et de soufre: c'est la seconde mort. Alors l'un des sept anges qui tenaient les sept coupes pleines des sept dernières plaies, vint me parler et me dit: "Viens, je te montrerai la nouvelle mariée, l'Épouse de l'Agneau. Et il me transporta en esprit sur une grande et haute montagne, et il me montra la Ville sainte, Jérusalem, qui descendait du ciel d'auprès de Dieu, brillante de la gloire de Dieu, et l'astre qui l'éclaire est semblable à une pierre très précieuse, à une pierre de jaspe transparente comme le cristal. Elle a une grande et haute muraille, avec douze portes; à ces portes sont douze anges, et des noms inscrits, ceux des douze tribus des fils d'Israël. Il y a trois portes à l'orient, trois portes au nord, trois portes au midi et trois portes à l'occident. La muraille de la ville a douze pierres fondamentales sur lesquelles sont douze noms, ceux des douze apôtres de l'Agneau. Et celui qui me parlait tenait une mesure, un roseau d'or, pour mesurer la ville, ses portes et sa muraille. La ville est quadrangulaire, et sa longueur est égale à sa largeur. Il mesura la ville avec son roseau, jusqu'à douze mille stades; la longueur, la largeur et la hauteur en sont égales. Il en mesura aussi la muraille, de cent quarante-quatre coudées, mesure d'homme, qui est aussi mesure d'ange. La muraille de la ville est construite en jaspe, et la ville est d'un or pur, semblable à un pur cristal. Les pierres fondamentales du mur de la ville sont ornées de toutes sortes de pierres précieuses; la première base est du jaspe; la deuxième, du saphir, la troisième, de la calcédoine; la quatrième, de l'émeraude; la cinquième, du sardonyx; la sixième, de la sardoine; la septième, de la chrysolithe; la huitième, du béryl; la neuvième, de la topaze; la dixième, de la chrysoprase; la onzième, de l'hyacinthe; la douzième, de l'améthyste. Les douze portes sont douze perles; chaque porte est d'une seule perle; la rue de la ville est d'un or pur, comme du verre transparent. Je n'y vis point de temple, car le Seigneur Dieu tout-puissant en est le temple, ainsi que l'Agneau. La ville n'a besoin ni du soleil ni de la lune pour l'éclairer, car la gloire de Dieu l'illumine, et l'Agneau est son flambeau. Les nations marcheront à sa lumière, et les rois de la terre y apporteront leur magnificence. Ses portes ne seront point fermées chaque jour, car il n'y aura point de nuit. On y apportera ce que les nations ont de plus magnifique et de plus précieux; et Il n'y entrera rien de souillé, aucun artisan d'abomination et de mensonge, mais ceux-là seulement qui sont inscrits dans le livre de vie de l'Agneau »*. C'est dans ce lieu que Jésus Christ veut t'emmener. Il veut que tu sois heureux. Que tu sois en paix avec toi-même. Donc notre existence est liée à Christ. Mais la vie n'est pas facile. Elle est difficile. Il y a des gens pour manger, c'est difficile. Pour se lever c'est difficile. Pour s'asseoir c'est difficile. D'autres en hiver ils sont dans le froid dans la rue. Ils souffrent. Mais toutes ces choses que nous vivons qui sont difficiles. C'est pour le salut. C'est pour que nous ayons la vie éternelle. Jésus Christ a été persécuté et trahi.

Chapitre 10 La Trahison

Pourquoi la trahison ? Parce qu'il y a des gens qui sont avec toi par intérêt. Ce sont des hypocrites. Lorsqu'ils voient que leur intérêt est menacé. Ils te laissent tomber. Ils continuent leur chemin comme si de rien n'était. Judas a trahi Jésus pour des pièces d'argent. Jésus a été emmené devant Pilate. Jésus a été humilié, battu, on lui a craché sur le visage. Il a été torturé comme on torture certains hommes de Dieu. La vie en Christ n'est pas exempte de toutes ces choses que j'ai citées. Tu vas connaître le désert, des frustrations, des attaques, des difficultés, des persécutions.

Chapitre 11 Les amis de Jésus

Jésus était ami à tout le monde. Il était ami au collecteur d'impôt. Il était ami à la prostituée. Il était ami aux gens de bonne comme aux gens de mauvaise vie et pour cela ils étaient beaucoup critiqués. C'est pour cela que j'exhorte les serviteurs et les servantes de Dieu à ne pas juger les gens. Car la Bible est très claire, tu ne jugeras point. On peut le voir dans ce passage de Mathieu 7:1 *« Ne jugez point, afin que vous ne soyez point jugés »*. Parce que quand tu veux ressembler à Christ, il faut que tu es des amis(es) de mauvaises vies aussi que tu vas emmener à Christ. Sans les juger et dans les insultés. Parce que Christ n'est pas venu pour les personnes bien portante mais pour les malades, des personnes qui souffrent. Des personnes que le diable a liées. Quand il dit dans Mathieu 7:3 : *« Hypocrite, ôte premièrement la poutre de ton œil et alors tu verras comment ôter la paille qui est dans les yeux de ton frère »*. C'est pour dire que tout le monde pèche. Donc Jésus était ami aux malades. Il était ami aussi aux personnes riches. Celui qui est allé prendre le corps de Jésus et qui a payé son sépulcre était un homme riche Joseph Arimathée. Il était notable Juif, une personne importante. On peut le voir dans ce passage Jean 19:38 *« Après cela, Joseph d'Arimathée, qui était disciple de Jésus, mais en secret par crainte des Juifs, demanda à Pilate la permission de prendre le corps de Jésus. Et Pilate le permit. Il vint donc, et prit le corps de Jésus »*. Pauvre comme riche était ami de Christ. Il faut que les serviteurs et les servantes de Dieu fassent des choses semblables à Christ, selon Christ. Finalement Jésus a été tué. Il a été crucifié à la croix. On a fait sortir Barabbas de prison et on a crucifié Christ. On peut le voir dans ce passage de Mathieu 27:17 *« Comme ils étaient assemblés, Pilate leur dit: Lequel voulez-vous que je vous relâche, Barabbas, ou Jésus, qu'on appelle Christ? »*. Donc Jésus était ami aux gens de bonne comme de mauvaise vie. On peut le voir dans ce passage de Marc 2:15-17 *« Comme*

Jésus était à table dans la maison de Lévi, beaucoup de publicains et de gens de mauvaise vie se mirent aussi à table avec lui et avec ses disciples; car ils étaient nombreux, et l'avaient suivi. Les scribes et les pharisiens, le voyant manger avec les publicains et les gens de mauvaise vie, dirent à ses disciples: Pourquoi mange-t-il et boit-il avec les publicains et les gens de mauvaise vie? Ce que Jésus ayant entendu, il leur dit: Ce ne sont pas ceux qui se portent bien qui ont besoin de médecin, mais les malades. Je ne suis pas venu appeler des justes, mais des pécheurs ».

Chapitre 12 La crucifixion et la résurrection de Christ

Pourquoi Jésus Christ a été crucifié ? Il a été crucifier pour que ça reste dans les esprits. Moi je me rappelle lorsque je regarde le film de Jésus Christ de Nazareth. Il suffit qu'on arrive sur cette crucifixion que je coule des larmes. La partie où on doit lui mettre les clous, je n'arrive pas à regarder, tellement c'est odieux. Parce que c'est horrible, c'est insoutenable. Jésus avait été renié par Pierre trois fois. Jésus lui avait dit qu'il allait le renier trois fois avant qu'il ne soit arrêté. Par contre Judas est allé se pendre. C'est-à-dire que les traîtres ont leur sentence. Jésus a été crucifier. Il a connu ce qu'on appelle l'enfer avant de ressusciter le troisième jour d'entre les morts, est monté aux cieux, est assis à la droite de Dieu le père. Alléluia ! Jésus est ressuscité pour toi, pour moi, pour tout le monde. Il est ressuscité pour que nous ayons la victoire sur nos ennemis. Jésus a montré que c'est lui, le maître. Personne n'est resuscité d'entre les morts si ce n'est Jésus. Jésus est mort et est revenu vivant. Malgré cela Thomas voulait le toucher avant de croire. On peut le voire dans ce passage de Jean 20:26-29 « *Huit jours après, les disciples de Jésus étaient de nouveau dans la maison, et Thomas se trouvait avec eux. Jésus vint, les portes étant fermées, se présenta au milieu d'eux, et dit: La paix soit avec vous! Puis il dit à Thomas: Avance ici ton doigt, et regarde mes mains; avance aussi ta main, et mets-la dans mon côté; et ne sois pas incrédule, mais crois. Thomas lui répondit: Mon Seigneur et mon Dieu! Jésus lui dit: Parce que tu m'as vu, tu as cru. Heureux ceux qui n'ont pas vu, et qui ont cru!* ». Jésus est resuscité d'entre les morts pour que tu aies la vie éternelle, pour que tu sois sauvé, pour que tu aies la paix du cœur, pour que tu sois tranquille. Tu n'as donc pas d'excuse quel que soit ton métier ou ton ministère. Il faut que tu donnes ta vie à Jésus et que tu marches selon l'esprit de Dieu. Il faut tu marches selon la vie de Christ. Parce qu'il y a Dieu et Jésus. Les deux font uns car il dit lui-même qui m'a vu a vu la père. On peut le voir dans ce passage de Jean 14:9 « *Jésus lui dit: Il y a si longtemps que je suis avec vous, et tu ne m'as pas connu, Philippe! Celui qui m'a vu a vu le Père; comment dis-tu: Montre-nous le Père?* ». Et je disais que la finalité de toute existence c'est le royaume des cieux, l'éternité. Il y a des gens qui vivent heureux sur la terre qui seront malheureux au retour de Christ, au jour du jugement. De même des gens qui vivent malheureux sur la terre qui seront heureux dans le ciel. Certains iront chez

Satan. D'autres iront chez Dieu. Le Diable c'est le feu. Dieu c'est la nouvelle Jérusalem. On peut le voir dans l'apocalypse de Jean.

J'ai parlé dans cette partie de l'existence en Christ en parlant de la vie de Jésus et de Joseph. Pourquoi parler de Joseph parce qu'il avait une grande étoile. Jésus aussi a une grande étoile plus grande que celle de Joseph. Joseph est devenu premier ministre et il a fait venir toute sa famille en Egypte. Jésus a tellement marqué les esprits aussi qu'on continue de parler de lui. Quand tu prends les livres d'histoire. On dit 3000 ans avant Jésus Christ. La finalité de la vie c'est le royaume de cieux. Il faut que tu changes ta vie, ta manière de voir les choses et de faire les choses dans ta vie.

Pourquoi le royaume des cieux ? Parce qu'il faut une finalité. Si la finalité c'est la mort. Tout ce qui souffre n'auront pas de répit. Mais quand tu sais qu'il y a une vie après la mort, tu es dans le ciel avec Dieu. Tu es heureux. Parce que Dieu ne te feras pas de mal. Il peut t'éprouver. Mais au final il sera à la fin avec toi. Si tu vas avec le diable, il va te faire du mal. Il y a plusieurs personnes qui ont rendu des témoignages de leur mort. Ils ont dit : « Je suis mort, j'ai vu Jésus ou j'étais entre la vie et la mort j'ai vu Jésus. Jésus m'est apparu en prison ». Certains ont vu le film de leur vie passer devant eux. Ils ont rendu des témoignages. Parce que la finalité de l'existence c'est Jésus, c'est Dieu.

Est-ce que tu veux donner ta vie à Christ ? Si tu veux donner ta vie à Christ. Fais cette prière avec moi. « *Tu vas dire merci à Dieu parce que tu vis et qu'il te donne le souffle de vie. Tu vas demander à Dieu pardon pour tous tes péchés. Tu diras à Dieu que tu l'acceptes comme Seigneur ,sauveur personnel et que tu veux le rejoindre dans le ciel* ».

Tous les matins quand tu te réveilles tu dois remercier le Seigneur Jésus car à côté de toi certains ne se sont pas réveillés. À n'importe quelle heure de la journée, tu dois dire merci. Même quand tu sors et que tu rentres chez toi. Tu dois dire merci à Dieu. Parce que tu existes et que tu as le souffle de vie. Merci pour tout ce que tu fais pour moi ; pour la maison, pour la nourriture, pour les vêtements, pour la santé, pour la voiture, pour tout, pour mes enfants qui sont en bonne santé. Que Dieu pardonne tous tes péchés parce que Jésus étaient sans péchés. Jésus n'avait pas tous les péchés qui sont cités dans Lévitique et dans Galates 5:17-21 « *Car la chair a des désirs contraires à ceux de l'Esprit, et l'Esprit en a de contraires à ceux de la chair; ils sont opposés entre eux, afin que vous ne fassiez point ce que vous voudriez. Si vous êtes conduits par l'Esprit, vous n'êtes point sous la loi. Or, les oeuvres de la chair sont manifestes, ce sont l'impudicité, l'impureté, la dissolution, l'idolâtrie, la magie, les inimitiés, les querelles, les jalousies, les animosités, les disputes, les divisions, les sectes, l'envie, l'ivrognerie, les excès de table, et les choses semblables. Je vous dis d'avance, comme je l'ai déjà dit, que ceux qui commettent de telles choses n'hériteront point le royaume de Dieu »*. Jésus était un homme sain, un homme pur. C'est pour cela que je souhaiterais que les serviteurs et les servantes de Dieu reviennent à la vraie nature de Christ. Dans la deuxième partie, je parlerai de la vraie nature de Christ. Nous voyons plein de personnes qui s'autoproclament Prophètes, d'autres sont Pasteur, Évangéliste, Apôtre, Docteur, Archbishop, Bishop, chantres de l'éternel. Mais est-ce que ces personnes vivent comme Christ a vécu en prenant les écritures bibliques ? Parce qu'ils doivent vivre à l'image de Christ. Souvent ils font des choses qui sont anti-bibliques. Il a été rapporté que certains hommes de Dieu vont au Ghana, au Nigéria, au Bénin, en Inde pour aller prendre de la puissance chez des mystiques. Pour qu'on ouvre leurs yeux afin qu'ils fassent des prophéties authentiques. Qu'on mette des feuilles dans leur bouche afin qu'ils soient écoutés et qu'ils aient des foules à leur programme. Certains rendent témoignage de leur vie dans le ministère et de ce qui a été leur tentation dans le ministère. Christ ne faisait pas cela. Il avait été appelé et il a eu la manifestation de ses dons. Car le don de guérisons et de miracles. C'est Dieu qui le donne. Il y a de vrais hommes de Dieu et il y a des faux dont il faut se méfier. Donc j'exhorte les hommes de Dieu à donner réellement leur vie à Christ. À marcher selon leur appel et selon le plan de Dieu pour leur vie. J'exhorte aussi les fidèles à se procurer la Bible et la lire afin que leurs yeux s'ouvrent et que les écailles tombent. Pour ne pas être ignorant. Parce que quand tu es ignorant, n'importe qui peut te raconter n'importe quoi et tu vas écouter et faire. Non, il faut prendre la Bible, la lire et la mettre en pratique. Si tu ne peux pas lire la Bible il faut l'écouter en ligne. La Bible est traduite en plusieurs langues partout dans le monde. Moi quand je ne peux pas lire, j'écoute parce que j'avais eu des problèmes de santé. J'avais perdu la raison. Donc s'il est difficile de lire, il faut écouter la Bible. Pour conclure cette partie sur l'existence de la vie en Christ, c'est de revenir à la vraie nature de Christ qui l'amour, le pardon, le partage, la miséricorde, la bonne conduite, les bonnes mœurs. Revenons à Jésus Christ. Voilà ce que c'est l'existence. Pourquoi on vit. On vit pour aller au ciel. C'est ce qui nous rattache sur cette terre. Sinon d'autres ont des enfants mais ne sont pas heureux. Parce que ta finalité n'est pas tes enfants. Ta finalité c'est le ciel. C'est chez papa Yahweh, chez Adonaï. C'est là-bas ta finalité. Et tous les saints t'attendent, Abraham, Eli. Pourquoi on vit ? La vie terrestre n'est pas exempt de problèmes, de difficultés.

Partie 2 La vraie nature de Christ

Dans la première partie, nous avons parlé de notre existence. Pourquoi on vit ? Qu'est-ce qui nous relie à la vie ? Et qu'elle est la finalité de notre existence ? Nous avons dit que c'est la vie éternelle. C'est la vie avec Dieu. C'est la vie avec les anges, avec les saints dans le royaume des cieux. Vers la fin de la première partie. J'ai exhorté les hommes et femmes de Dieu à revenir à la vraie nature de Christ. Alors c'est quoi la vraie nature de Christ ? Nous allons parler de plusieurs points. Nous allons parler de l'amour, du pardon, du partage, du jugement de la richesse, de la prière et du jeûne, de la communauté et du saint-esprit.

Pourquoi la vraie nature de Christ ? Nous sommes des enfants de Dieu et nous voulons ressembler à Christ. Nous voulons ressembler à Dieu. Donc si nous voulons ressembler à Dieu. Nous devons avoir une vie qui ressemble à celle de Christ. Selon qu'il est écrit dans l'ancien comme dans le Nouveau Testament. Nous devons respecter les commandements de Dieu, ses prescriptions. Que Jésus Christ n'a pas aboli. Il a dit qu'il n'est pas venu pour abolir la lois. Nous pouvons le voir dans ce passage de Mathieu 5:17-20 « *Ne croyez pas que je sois venu pour abolir la loi ou les prophètes; je suis venu non pour abolir, mais pour accomplir. Car, je vous le dis en vérité, tant que le ciel et la terre ne passeront point, il ne disparaîtra pas de la loi un seul iota ou un seul trait de lettre, jusqu'à ce que tout soit arrivé. Celui donc qui supprimera l'un de ces plus petits commandements, et qui enseignera aux hommes à faire de même, sera appelé le plus petit dans le royaume des cieux; mais celui qui les observera, et qui enseignera à les observer, celui-là sera appelé grand dans le royaume des cieux. Car, je vous le dis, si votre justice ne surpasse celle des scribes et des pharisiens, vous n'entrerez point dans le royaume des cieux* ». C'est-à-dire que nous devons respecter les commandements que Dieu a donnés à Moise et à ses prophètes. Nous devons aussi respecter ce que Christ nous a apporté en tant que fils de Dieu.

Chapitre 1 L'amour

C'est quoi l'amour ? La Bible dit qu'il y a plusieurs commandements mais il y a un commandement qui surpasse tous les autres commandements. C'est d'aimer Dieu mais aussi c'est d'aimer son prochain comme soit même. Nous pouvons le voir dans ce passage de Marc 12:29-31 « *Jésus répondit: Voici le premier: Écoute, Israël, le Seigneur, notre Dieu, est l'unique Seigneur; et: Tu aimeras le Seigneur, ton Dieu, de tout ton cœur, de toute ton âme, de toute ta pensée, et de toute ta force. Voici le second: Tu aimeras ton prochain comme toi-même. Il n'y a pas d'autre commandement plus grand que ceux-là* ». Si nous aimons Dieu, nous devons faire des choses qui plaisent à Dieu. Nous devons respecter ses commandements. Nous ne devons pas le heurter, l'attrister, le rendre malheureux. Nous devons aimer notre prochain. Qu'est-ce à dire ?

C'est avoir de l'empathie pour l'autre. C'est apporter de l'affection, de la joie, de la tendresse aux autres. De l'aide à ceux qui ont faim, soif, à ceux qui souffrent. L'amour c'est de féliciter les autres quand ils ont des succès. Il faut les encourager. Souvent ceux qui sont dans la dépression sont des personnes qui à un moment donné se sont senties seuls. Ils ont été mis de côté. Ils ont été délaissés. Et à force de se sentir incompris ont sombré dans la dépression. Il faut apporter l'amour. L'amour des parents pour leurs enfants, l'amour des frères et sœurs. Il faut s'aimer mais il faut se respecter. L'amour de celui qu'on ne connaît pas. Ce n'est pas parce que tu aimes ta famille et tes amis que tu ne dois pas aimer un inconnu. Je prends mon exemple. Quand je suis revenue en France en 2017, c'est inconnu, un marocain, Mohamed Staouil qui m'a aidé ici à Toulouse à me stabiliser, à trouver un endroit où rester en me donnant des conseils. Parce qu'à un moment j'étais SDF puisse que la personne chez laquelle j'étais ne voulait plus que je reste chez elle et je dormais dans des hôtels et dans des foyers en appelant le 115. Dans ce moment c'est cet inconnu, ce marocain qui est resté à mes côtés me soutenir moralement. Quand je l'ai rencontré, je ne l'ai pas rejeté. Je ne le connaissais pas et il m'a aidé. Souvent l'amour c'est aider des personnes qu'on ne connaît pas. On aide des gens qui sont dans le besoin. On aide des gens qui sont désespérés. L'amour c'est couvrir d'attention. L'amour c'est écouter l'autre. L'amour s'est allé rendre visite à l'autre. C'est être dans la joie quand il y a des célébrations ; les fêtes de noël, de baptême, des anniversaires. C'est être présent, donner des cadeaux aux enfants, aux amis, aux proches mais aussi aux inconnus. C'est être au chevet de l'autre quand il y a la tristesse, le deuil. L'amour c'est aussi donner des conseils sans frustrer. Quand tu as un ami qui est en train de prendre. Il faut lui donner des conseils dans le but de le ramener sur la bonne voie, le droit chemin. L'amour c'est d'aller dans les orphelinats, dans les hôpitaux, dans les prisons. Aller dans les orphelinats pour apporter son soutien et donner de la joie aux enfants, donner à manger aux enfants. Aller dans les hôpitaux pour aider les malades, payer des ordonnances pour les malades. Aller dans les prisons pour redonner espoir à ceux qui l'ont perdu, leur donner de l'affection. L'amour c'est de les porter en prière. Prier pour les pays en guerre, pour les déplacer de guerre. C'est cela l'amour. Christ est venu pas pour les personnes bien portantes mais pour celles sont détruites et malade. L'amour c'est l'amitié, l'amour fraternel. Je ne parle pas des couples. L'amour entre les frères et les sœurs en Christ. Il faut qu'on s'aime sans haine et sans vengeance. L'amour c'est être présent, c'est d'être au cœur des problèmes et des souffrances des autres. Aujourd'hui ça va chez toi mais peut être que demain tu seras dans une situation délicate. C'est l'amour de l'autre qui est important. Jésus Christ dit que tu aimeras ton prochain comme toi-même. C'est-à-dire que tu dois te mettre à la place de l'autre. Aider de manière débonnaire. Aider de manière pécuniaire avec de l'argent aussi, au travers des vêtements, de la nourriture. Même lorsque tu vois des clochards, des Sdf dans les rues, tu peux leur apporter ton aide. Si tu vois des gens qui n'ont pas de vêtements. Tu peux leur en donner si tu en as. Tu peux aider quelqu'un qui dort dans la rue.

Je me rappelle lorsque je souffrais dépression et que j'étais dans le camp de prière. Il est arrivé un jour que je fugue. J'ai dormi trois jours à la belle étoile devant la porte d'une personne que je ne connaissais pas aux 220 logements à Abidjan. Le premier jour, il y a une église qui organise la projection d'un film religieux que je regarde. Qui parlait de la vie en Christ. Je rencontre des jeunes avec lesquels je discute et je passe la journée. Je passe un coup de fil à ma mère. Elle me demande où je suis, je lui dis chez une amie. Et le deuxième jour au petit matin, j'ai vu un monsieur sortir de chez lui avec un pagne qu'il m'a remis pour que je puisse me couvrir puisse que je dormais au rez-de-chaussée devant sa porte. Tard dans la nuit, je croise quelqu'un qui surveillait les voitures en allant vers le Plateau. Je demande à rester auprès de lui. Et je lui demande. Est-ce qu'on va en enfer quand on se suicide ? Il me dit oui. Je ne sais pas si c'est un ange. Mais j'étais vraiment mal, j'avais tenté même de me suicider en me jetant au bord de la lagune sans savoir nager le troisième jour. Quand je sors de cet endroit où j'ai failli mourir. Je tombe plus loin sur un monsieur à qui je demande le transport pour entrer chez moi à Abobo et il me donna de l'argent. Par la grâce de Dieu, j'ai refusé de mourir et par miracle je suis sortie de l'eau.

L'amour c'est apporter du réconfort à l'autre. Quand l'autre rit, il faut rire avec. Quand l'autre pleure, on pleure avec. Il faut aimer Dieu plus que tout. Parce qu'il y a que sur lui seul que nous pouvons compter. Je suis à Toulouse, je ne manque de rien. Il pourvoit à mes besoins par sa grâce. C'est Dieu qui est là, qui me soutient qui veille sur moi. Sans Dieu, je ne suis rien. Je ne suis personne. Je veux t'encourager à aimer ton prochain, à aimer l'autre. À aimer celui ou celle qui souffre. L'amour aussi c'est de ne pas avoir un regard bizarre sur certains handicaps. Quand tu vois un handicapé physique ou psychique. Il ne faut pas te moquer de lui. La Bible nous parle de Élisée qui était chauve. Des enfants se sont moqués de lui. Il les a maudits au nom de l'éternel et deux ours les ont dévorés. On peut le voir dans ce passage de 2 Rois 2:23-24 « *Il monta de là à Béthel; et comme il cheminait à la montée, des petits garçons sortirent de la ville, et se moquèrent de lui. Ils lui disaient: Monte, chauve! monte, chauve! Il se retourna pour les regarder, et il les maudit au nom de l'Éternel. Alors deux ours sortirent de la forêt, et déchirèrent quarante-deux de ces enfants* ». Il ne faut pas te moquer des handicaps car tu ne sais pas pourquoi Dieu à accepter que le diable rende certaines personnes dans ces états. Avant moi je ne comprenais pas, j'en voulais à Dieu pour cela, pour les personnes handicapées. Maintenant que moi-même j'ai un handicap. Je regarde les choses autrement. Je dis ce handicap c'est selon la volonté de Dieu. Donc l'amour c'est aimer les gens autour de toi en leur apportant de ta personne et de ton affection. Maintenant nous allons parler du pardon.

Chapitre 2 Le pardon

Alors qu'est-ce qu'on entend par le mot « pardon » ? Jésus Christ nous dit que pardonner quelqu'un. C'est pardonner septante fois sept fois. C'est-à-dire pardonner autant de fois. Nous pouvons le voir dans ce passage de Mathieu 18:22 « *Jésus lui dit: Je ne te dis pas jusqu'à sept fois, mais jusqu'à septante fois sept fois* ». Il ne faut pas garder des rancunes. Il faut pardonner et passer à autre chose. C'est vrai que ça fait mal quand quelqu'un t'insulte, te manque de respect, te ridiculise, te frappe, te fais un mauvais procès. En gros te fais du mal. Jésus Christ nous demande de donner la joue droite si on te tape la joue gauche. Nous pouvons le voir dans ce passage de Luc 6:29 « *Si quelqu'un te frappe sur une joue, présente-lui aussi l'autre. Si quelqu'un prend ton manteau, ne l'empêche pas de prendre encore ta tunique* ». Donc il faut pardonner. Tu peux te séparer de la personne sans rancune surtout si elle est toxique pour ta santé mentale et qu'elle te fait pécher. Parce que la bible que si ta main est occasion de chuter coupe là. Nous le voyons dans ce passage de Marc 9:43-51 « *Si ta main est pour toi une occasion de chute, coupe-la; mieux vaut pour toi entrer manchot dans la vie, que d'avoir les deux mains et d'aller dans la géhenne, dans le feu qui ne s'éteint point. Si ton pied est pour toi une occasion de chute, coupe-le; mieux vaut pour toi entrer boiteux dans la vie, que d'avoir les deux pieds et d'être jeté dans la géhenne, dans le feu qui ne s'éteint point. Et si ton oeil est pour toi une occasion de chute, arrache-le; mieux vaut pour toi entrer dans le royaume de Dieu n'ayant qu'un œil, que d'avoir deux yeux et d'être jeté dans la géhenne, où leur ver ne meurt point, et où le feu ne s'éteint point. Car tout homme sera salé de feu. Le sel est une bonne chose; mais si le sel devient sans saveur, avec quoi l'assaisonnerez-vous? Ayez du sel en vous-mêmes, et soyez en paix les uns avec les autres* ».

Abraham et Lot se sont séparés parce qu'il y avait des discordes, des disputes, des problèmes entre les bergers d'Abraham et ceux de Lot. Nous pouvons le voir dans ce passage de Genèse 13:7-12 « *Il y eut querelle entre les bergers des troupeaux d'Abram et les bergers des troupeaux de Lot. Les Cananéens et les Phérésiens habitaient alors dans le pays. Abram dit à Lot: Qu'il n'y ait point, je te prie, de dispute entre moi et toi, ni entre mes bergers et tes bergers; car nous sommes frères. Tout le pays n'est-il pas devant toi? Sépare-toi donc de moi: si tu vas à gauche, j'irai à droite; si tu vas à droite, j'irai à gauche. Lot leva les yeux, et vit toute la plaine du Jourdain, qui était entièrement arrosée. Avant que l'Éternel eût détruit Sodome et Gomorrhe, c'était, jusqu'à Tsoar, comme un jardin de l'Éternel, comme le pays d'Égypte. Lot choisit pour lui toute la plaine du Jourdain, et il s'avança vers l'orient. C'est ainsi qu'ils se séparèrent l'un de l'autre. Abram habita dans le pays de Canaan; et Lot habita dans les villes de la plaine, et dressa ses tentes jusqu'à Sodome* ». Tu peux donc t'éloigner de la personne. Parce qu'il ne faudrait pas que cette personne te crée des angoisses. Mais il faut pardonner car en pardonnant, Dieu te pardonne tes péchés. Il y a des choses que tu vas demander à Dieu. Il ne va jamais te les accorder parce que ton cœur est comme une pierre. Tu demandes des choses à Dieu comme le travail, le mariage, les enfants mais Dieu veut que tu pardonnes à ton prochain d'abord avant qu'il te donne ces choses. Il est aussi écrit qu'il ne faut pas dormir avec la colère. Nous pouvons le voir dans ce passage de Ephésien 4:26 « *Si vous vous mettez en colère, ne péchez point; que le soleil ne se couche pas sur votre colère* ». Aussi avant d'aller à l'église et donner son offrande. Il faut se réconcilier avec son frère. Nous le voyons dans ce passage de Mathieu 5:24 « *Laisse là ton offrande devant l'autel, et va d'abord te réconcilier avec ton frère; puis, viens présenter ton offrande* ». Le pardon est très important. C'est cela la vraie nature de Christ. La vraie nature de Christ hormis l'amour c'est aussi le pardon. Jésus Christ après qu'on l'ait cloué a dit à Dieu de pardonner à tout ce qui lui avait fait du mal car ils ne savent pas ce qu'ils font. Nous pouvons le voir dans Luc 23:34 « *Jésus dit: Père, pardonne-leur, car ils ne savent ce qu'ils font. Ils se partagèrent ses vêtements, en tirant au sort* ». Jésus Christ malgré sa douleur, sa souffrance immense a pardonné aux hommes. Ils ne savent pas que Christ est le fils de Dieu. Ils ne savent pas que Jésus Christ est un esprit, un saint, un ange, un prophète venu du ciel pour sauver l'humanité. Il faut toujours pardonner. Il y a des gens qui gardent des choses dans leur cœur pendant des siècles qui ne pardonne pas. Ce n'est pas normal. Il faut que ton cœur soit blanc. C'est ainsi que Dieu pourra te pardonner parce que tu laisses tomber les histoires avec les autres. Il faut pardonner à tout le monde. Il faut pardonner aux gens que tu connais. Il faut pardonner aux gens tu ne connais pas.

Chapitre 3 Le partage

Jésus Christ dit de donner à celui qui n'en a pas. On peut le voir dans ce passage de Luc 3:11-14 « *Il leur répond : « Celui qui a deux vêtements doit en donner un à celui qui n'en a pas. Celui qui a de la nourriture doit en donner à celui qui n'en a pas. » Des employés des impôts viennent aussi pour que Jean les baptise. Ils demandent à Jean : « Maître, qu'est-ce qu'il faut faire ? »Jean leur répond : « Vous savez ce qu'on doit payer pour l'impôt. Ne demandez pas plus. » Des militaires demandent à Jean : « Et nous, qu'est-ce que nous devons faire ? » Il leur dit : « Ne prenez d'argent à personne, ni par la force, ni par le mensonge. Contentez-vous de votre salaire. »* Parce que si tu donnes à celui qui en a déjà et qui n'en a pas besoin. Tu n'as vraiment rien fait. Il y a des gens à l'heure où tu me lis qui n'ont pas encore bu ou mangé quelque chose. D'autres ils ne savent même pas où mettre la tête.

Moi je vois des gens dans les rues. Par exemple un jour en allant au Palais de Justice à Toulouse. J'ai vu plein de réfugiés qui dormaient sous des tentes. Ils étaient tellement nombreux. Ils dorment sous la pluie, sous le soleil, dans le froid. Des gens qui quittent leur pays d'origine et viennent par bateau pour s'en sortir. Il y en a qui réussisse à s'intégrer pour d'autres c'est vraiment difficile. Ce sont des personnes qui ont besoin de notre attention, de notre aide, du partage.

Si tu as quelque chose que tu n'utilises plus qui fonctionne. Au lieu de le jeter tu peux le donner à quelqu'un dans le besoin. Il faut donner à celui qui souffre. Il faut donner à celui qui est perdu. Donne à celui qui se cherche encore. Il faut donner au malheureux, aux désespérés. Jésus Christ a aussi dit à un riche de vendre tous ses biens et les donner aux pauvres pour hériter du royaume des cieux. Nous pouvons le voir dans ce passage de Mathieu 19:21 « *Jésus lui dit: Si tu veux être parfait, va, vends ce que tu possèdes, donne-le aux pauvres, et tu auras un trésor dans le ciel. Puis viens, et suis-moi* ». Même quand tu as de quoi à manger, à table, il faut inviter les autres. Il ne faut pas être méchant. Car celui qui ne partage pas est un méchant. Quand tu donnes à l'autre, Dieu te bénit. Quand tu donnes Dieu t'ouvre des portes.

Chapitre 4 Le jugement

Il ne faut pas juger son prochain. Parce que qui dit dans Mathieu 7:3 : « *Hypocrite, ôte premièrement la poutre de ton œil et alors tu verras comment ôter la paille qui est dans les yeux de ton frère* ». C'est-à-dire qu'avant de parler des vices dans la vie des autres. Il faut toi-même regarder ta vie. Beaucoup de personnes jugent les autres. Beaucoup de servantes et de serviteurs de Dieu jugent les autres. Ce n'est pas ce que le Seigneur nous demande quand il dit « Tu ne jugeras point ». On peut le voir dans Mathieu 7:1 « *Ne jugez point, afin que vous ne soyez point jugés* ». Souvent certains hommes de Dieu disent qu'il est écrit, Dieu dit en frustrant et en condamnent les autres. Parce qu'il y a des manières de parler pour amener l'autre à suivre Christ. Tout est dans le langage et l'éducation sans blesser l'autre. Il ne faut pas faire fuir les gens. Tes fidèles ne doivent pas avoir peur de toi mais de Dieu, lui seul. Quand tu vois les gens de mauvaises vies, tu les insultes. Or ils ont joué des rôles cruciaux dans la vie de Jésus. Marie de Magdala, la prostituée, les deux bandits sur la croix au côté de Jésus. Dans Luc 7:36-38 « *Et une femme connue dans la ville pour être une pécheresse apprit qu'il mangeait chez ce pharisien. Elle apporta un flacon d'albâtre contenant une huile parfumée Elle se plaça derrière lui, à ses pieds, et se mit à pleurer. Elle lui mouillait les pieds avec ses larmes et les essuyait avec ses cheveux. De plus, elle embrassait tendrement ses pieds, et versait l'huile parfumée dessus* ». Et voilà ce que Jésus dit quand on l'interpelle à ce sujet Luc 7:40-50 « *Le pharisien qui l'avait invité, voyant cela, dit en lui-même: Si cet homme était prophète, il connaîtrait qui et de quelle espèce est la femme qui le touche, il connaîtrait que c'est une pécheresse. Jésus prit la parole, et lui dit: Simon, j'ai quelque chose à te dire. -Maître, parle, répondit-il. Un créancier avait deux débiteurs: l'un devait cinq cents deniers, et l'autre cinquante.*

Comme ils n'avaient pas de quoi payer, il leur remit à tous deux leur dette. Lequel l'aimera le plus? Simon répondit: Celui, je pense, auquel il a le plus remis. Jésus lui dit: Tu as bien jugé. Puis, se tournant vers la femme, il dit à Simon: Vois-tu cette femme? Je suis entré dans ta maison, et tu ne m'as point donné d'eau pour laver mes pieds; mais elle, elle les a mouillés de ses larmes, et les a essuyés avec ses cheveux. Tu ne m'as point donné de baiser; mais elle, depuis que je suis entré, elle n'a point cessé de me baiser les pieds. Tu n'as point versé d'huile sur ma tête; mais elle, elle a versé du parfum sur mes pieds. C'est pourquoi, je te le dis, ses nombreux péchés ont été pardonnés: car elle a beaucoup aimé. Mais celui à qui on pardonne peu aime peu. Et il dit à la femme: Tes péchés sont pardonnés. Ceux qui étaient à table avec lui se mirent à dire en eux-mêmes: Qui est celui-ci, qui pardonne même les péchés? Mais Jésus dit à la femme: Ta foi t'a sauvée, va en paix ». En parlant des bandits sur la croix voilà ce que lui dit Jésus Christ « *Un des bandits cloués sur une croix insulte Jésus en disant :* Luc 23:39-43 « *Tu dis que tu es le Messie. Alors, sauve-toi toi-même et sauve-nous aussi ! » Mais le deuxième bandit fait des reproches au premier en lui disant : « Tu es condamné à mort comme cet homme, et tu ne respectes même pas Dieu ? Pour toi et moi, la punition est juste. Oui, nous l'avons bien méritée, mais lui, il n'a rien fait de mal ! » Ensuite il dit à Jésus : « Jésus, souviens-toi de moi, quand tu viendras comme roi. » Jésus lui répond : « Je te le dis, c'est la vérité : aujourd'hui, tu seras avec moi dans le paradis . »*

Les gens de mauvaises vies sont aimés par Dieu. C'est le péché que Dieu condamne. Car dit lui-même dans sa parole que c'est ce qui sort de l'homme qui souille l'homme. On peut le voir dans ce passage de Mathieu 15:11 « *Ce n'est pas ce qui entre dans la bouche qui souille l'homme; mais ce qui sort de la bouche, c'est ce qui souille l'homme* ». Dieu aime l'esprit brisé. Il suffit que tu te repentes de tes fautes et il te pardonne. Dieu est miséricorde. Il n'est pas comme les humains. C'est pour cela que je vous demande de pardonner. Surtout ne juge pas les gens car surtout c'est par apparence. Et même si tu as la preuve de ce que fait cette personne. Dieu reste le seul juge. Chacun doit être libre. Certains ne font pas que juger. Ils condamnent et maudissent les gens. Parce que quand tu tiens des propos de condamnation, celui qui a un problème ne peut pas aller vers toi. Il ne peut pas t'expliquer ton problème. Il a peur et toi tu ne peux pas le sauver. Jésus disait toujours aux pécheurs « Va en paix tes péchés te sont pardonnés » sans faire des reproches. Il ne demandait pas pourquoi fais-tu cela ou pourquoi as-tu cette vie ? Il trouvait des solutions. Et je le dis pour certaines servantes et serviteurs de Dieu. Il faut leur parler de Dieu avec l'instrument du chrétien qui est la Bible. Il faut les ramener à Christ sans les heurter, sans les frustrer, sans les blesser. Il faut la bénignité c'est-à-dire être indulgent. Cela fait partie des fruits de l'esprit. Parce que toi-même en tant que serviteur de Dieu, tu es un pécheur. Seul Christ est sain. Je parle des serviteurs et servantes de Dieu parce qu'ils doivent être à l'image de Christ. Et ceux qui se rapprochent le plus de Christ sont les serviteurs et les servantes de Dieu. Ils sont les bergers et une mauvaise orientation fait que le peuple se disperse. Après les hommes de Dieu viennent les personnes lambda. C'est même écrit que quand Christ viendra certains diront qu'ils ont prophétisé en son nom. Il leur dira. Je ne vous connais pas. Nous pouvons le voir dans ce passage de Mathieu 7:22 « *Plusieurs me diront en ce jour-là: Seigneur, Seigneur, n'avons-nous pas prophétisé par ton nom? N'avons-nous pas chassé des démons par ton nom? et n'avons-nous pas fait beaucoup de miracles par ton nom?* » Donc ne jugez pas votre prochain et surtout ne jugez pas vos fidèles.

Chapitre 5 La richesse

Ce chapitre sera en deux étapes. Quand j'ai eu le bac, je voulais devenir avocate. Ce qui m'animait c'était la rendre justice mais surtout l'argent. Car j'avais un oncle qui était avocat et qui avait beaucoup d'argent. Et lorsque j'ai été malade, j'ai vu que ma plus grande richesse était ma santé. Donc l'une des plus grandes richesses c'est la santé. Aussi la richesse, le savoir ; les connaissances, les études, la religion, le travail. Sans heurter aucunement les autres religions ceux qui vont lire parce que dans mon propos on voit bien que ce livre est destiné aux chrétiens mais aussi à tout le monde, à tous ceux qui veulent accepter Christ dans leur vie. Donc avant de parler des biens matériels, la richesse c'est la joie, le bonheur, être heureux. C'est cela la vraie richesse. Il y a des gens qui n'ont pas la santé qui sont sur les lits d'hôpitaux. Ils ne sont pas heureux car ils n'ont pas la richesse. Il y a des orphelins qui se mettent tous les jours à l'écart et qui pleurent car ils n'ont pas de famille. Même lorsqu'on les met dans une famille d'accueil. Ils ne sont pas heureux. Donc la famille est importante. Il y a des gens qui n'ont pas eu la possibilité d'aller à l'école. Dès fois quand ils arrivent dans certains pays on leur demande de se former car ils ne savent ni lire ni écrire. Donc les études c'est la richesse de même que les connaissances. Le développement personnel c'est la richesse. Deuxième point la richesse matérielle, avoir les maisons, les voitures les yachts, les jets privés. Tout cela est important mais sur la terre. Dieu va te bénir, il va te donner l'or et l'argent car à lui appartiennent ses choses. Mais c'est sur la terre parce que quand tu meurs, tu ne les emportes pas dans ta tombe. Je suis scandalisée par certains religieux qui recherchent ces choses et qui sont prêt à vendre leur âme au diable pour les avoirs. Tout cela est vanité de vanité. Comme je disais dans la première partie de ce livre. Ce que tu dois rechercher avant toute chose est la vie éternelle. On a besoin des biens matériels oui car c'est une nécessité car tu as besoin de la voiture pour aller au travail, pour aller visiter les autres. Tu as besoin de la maison pour dormir. Tu as besoin de vêtements et de nourriture. Mais tous ces besoins sont terrestres. Je connais des gens importants qui sont décédés et qui ont tout laissé. Et qu'est-ce que Jésus Christ dit à propos de la richesse ? Pour ceux qui veulent avoir des biens qui tapent à l'œil avoir beaucoup d'argent. Jésus Christ dit « Amassez vous des trésors dans le ciel ». On peut le voir dans ce passage de Mathieu 6:20-21 « *mais amassez-vous des trésors dans le ciel, où la teigne et la rouille ne détruisent point, et où les voleurs ne percent ni ne dérobent. Car là où est ton trésor, là aussi sera ton cœur* ». C'est quoi les trésors dans le ciel ? C'est ce qui plaît à Dieu. Quand tu vas faire ce qui plaît à Dieu. Lorsque Jésus reviendra dans sa gloire, tu seras avec lui au ciel. La bonne conduite c'est le trésor dans le ciel. Ce n'est pas le yacht, les voitures de luxes, les maisons de luxes et les jets privés. Si tu comprends ce que je te dis c'est que tu es délivré. Personnellement bien que les biens matériels soient nécessaires. Ils ne m'intéressent pas plus que mon amour et ma recherche de Dieu. Si j'ai le nécessaire, je dis merci à Dieu. Quand tu meurs. Tu as beau être roi. Tu as beau être le plus grand richissime ou la plus grande richissime. Quand tu meurs, tu vas dans la tombe comme tout le monde et Christ décide de ton sort. Et je sonne la trompette d'alarme à certains hommes de Dieu qui ne prêche que les biens matériels. Il faut amasser des trésors dans le ciel de telle sorte que ta bonne conduite t'emmène au paradis.

Donc la vraie nature de Christ est de vivre selon Christ. Vivre selon Christ c'est aussi les bons comme les mauvais moments dans une vie. Et tout cela fait partie de l'existence en Christ parce que tu ne peux pas vivre en Christ et ne pas connaître toutes ces choses. Tu ne peux pas être en Christ et ne pas souffrir. Cela n'est pas compatible. Cela n'est pas possible. Les grands et vrais serviteurs de Dieu ont souffert avant de devenir populaire. D'autres dormaient dans les rues, sur les tables des marchés. Aujourd'hui Dieu les a bénis. Donc si tu veux être à l'image de Christ tu passeras des situations désagréables, difficiles. Tu passeras par le désert Où Dieu change ton caractère, il te métamorphose. Les attaques où tu seras trahi. Le rejet où tu seras humilié. La passion où ton esprit sera abattu. La crucifixion où tu seras brisé et la résurrection où tu seras à l'image de Dieu. Si tu veux être à l'image de Jésus, tu vas souffrir.

Ce livre, je l'ai écris pour que certaines personnes donnent leur vie à Jésus. Qu'ils comprennent le sens de leur existence sur la terre. Tu n'es pas venu sur la terre pour te balader. Chacun a sa voie. Chacun à son ministère. Chacun a son destin. Dieu donne à chaque personne une habileté. Tu es venu sur la terre pour plaire à Dieu et non aux humains. Donc il faut prier le Seigneur Jésus. Et demandé à Dieu de te donner une vie qui lui ressemble. Une vie qui est semblable à lui. Jésus Christ est saint. Personne ne peut être saint car tous les jours nous péchons. Ces petits thèmes que j'ai abordés peuvent t'amener à être à l'image de Christ. J'en parlerai d'autres dans la prochaine partie. Ce sont de petites qualités qui se rapprochent de la vraie nature de Christ qui peut changer ton existence. Quand Dieu te brise, tu deviens une autre personne mais une personne qui plaît à Dieu.

Que Dieu vous bénisse ! Je vais faire une petite prière pour vous qui allez me lire. Je ne sais pas où tu te trouves. Je ne sais pas ce que tu cherches. Je ne sais pas où tu vas.

Je ne sais pas quelles sont tes difficultés, tes problèmes. Peut-être même que tu ne crois pas en Dieu. Possiblement que Dieu ne signifie rien pour toi. Je vais te dire que tu n'es pas née pas hasard ou par erreur. Tu as une mission à accomplir sur la terre. Joseph avait une mission. Il devait devenir Premier ministre en Égypte. Mais est-ce que Joseph n'a pas souffert ? Il a souffert. Jésus devait devenir le plus grand prophète de tous les temps. Mais est-ce qu'il n'a pas souffert ? Il a souffert. Job aussi a souffert pour que Dieu le bénisse au centuple. Pour n'en parler que de ces trois-là. Toi aussi, ta mission, si tu dois devenir infirmière, avocat, homme d'affaires, commerçante, styliste, journaliste, artiste, politicien. Toi aussi tu vas passer par des moments sombres et difficiles à cause de ton étoile qui est grande. Il y a certaines familles où des gens ont beaucoup d'argent mais des gens souffrent. Ça peut être sur le plan affectif. Parce que dans ces familles, les parents sont toujours en voyage. Ce qui fait que souvent les enfants sont livrés à eux-mêmes. Ils deviennent des délinquants où vivent dans la dépravation sexuelle: «*Je prie qu'en lisant ce livre, tu puisses comprendre que tu es mission sur la terre. Que Dieu te révèle cette mission en vision ou en songes. Que tu es la vraie nature de Christ. Que tu plaises à Dieu tous les jours dans le comportement. Que tu pries beaucoup. Que tu es toujours ta bible à ton côté. Que Dieu te permette de pouvoir le voir. L'esprit qui s'est présenté à Moise dans une flamme au milieu du buisson-ardent sur la montagne d'Horeb. Et que tu fasses partie des élus pour la vie éternelle. Que Dieu mette sa main puissante sur toi. Que Dieu te garde. Que Dieu t'ouvre les portes. Que ce que tu cherches en lisant ce livre, tu puisses l'avoir. Que Dieu dispose ton esprit. Au nom de Jésus Chris de Nazareth, j'ai prié. Amen !*».

En parlant de la disposition de l'esprit. Nous allons aborder la partie suivante en vous exhortant.

Partie 3 Exhortation

Dans cette partie nous allons exhorter à la prière et au jeûne pour lutter contre le diable et avoir une vie religieuse épanouie.

Chapitre 1 Jeûne et prière

Nous savons que Jésus Christ lorsqu'il a commencé son ministère a jeûné quarante jours. Il a jeûné pour que Dieu l'arme. Que Dieu lui donne les armes spirituelles pour pouvoir combattre les œuvres des ténèbres et pouvoir faire son ministère tranquillement. Nous pouvons le voir dans ce passage de Mathieu 4:2-4 « Après avoir jeûné 40 jours et 40 nuits, il eut faim. Le tentateur s'approcha et lui dit: «Si tu es le Fils de Dieu, ordonne que ces pierres deviennent des pains.» Jésus répondit: «Il est écrit: *L'homme ne vivra pas de pain seulement, mais de toute parole qui sort de la bouche de Dieu* ». Aussi dans ce passage pour les armes spirituelles, nous pouvons les voir dans ce passage de Ephésiens 6:10-20 « *Enfin, mes frères et sœurs, fortifiez-vous dans le Seigneur et dans sa force toute-puissante. Revêtez-vous de toutes les armes de Dieu afin de pouvoir tenir ferme contre les manœuvres du diable. En effet, ce n'est pas contre l'homme que nous avons à lutter, mais contre les puissances, contre les autorités, contre les souverains de ce monde de ténèbres, contre les esprits du mal dans les lieux célestes. C'est pourquoi, prenez toutes les armes de Dieu afin de pouvoir résister dans le jour mauvais et tenir ferme après avoir tout surmonté. Tenez donc ferme: ayez autour de votre taille la vérité en guise de ceinture; enfilez la cuirasse de la justice; mettez comme chaussures à vos pieds le zèle pour annoncer l'Évangile de paix; prenez en toutes circonstances le bouclier de la foi, avec lequel vous pourrez éteindre toutes les flèches enflammées du mal; faites aussi bon accueil au casque du salut et à l'épée de l'Esprit, c'est-à-dire la parole de Dieu. Faites en tout temps par l'Esprit toutes sortes de prières et de supplications. Veillez à cela avec une entière persévérance et en priant pour tous les saints* ».

Il a dit à ses disciples que pendant qu'il est avec eux qu'ils n'ont pas besoin de jeûner mais lorsqu'il ne sera plus avec eux. Ils devront jeûner. Nous pouvons le voir dans ce passage de Mathieu 9:15 « *Jésus leur répondit: Les amis de l'époux peuvent-ils s'affliger pendant que l'époux est avec eux? Les jours viendront où l'époux leur sera enlevé, et alors ils jeûneront* ». Il a dit aussi qu'il y a des démons qui ne sortent que par le jeûne et la prière. Donc le jeûne est quelque chose de très important pour tout chrétien. Jeûne s'est s'abstenir de manger et de boire. Pour certains chrétiens catholiques ils prennent un peu d'eau. D'autres le font à jeun. Mais jeûner, c'est s'abstenir de toute substance, de la nourriture. C'est se soumettre à Dieu. S'incliner devant Dieu. C'est demander pardon à Dieu pour ses péchés. Jeûner c'est ne pas avoir un visage fermé. C'est se parfumer la tête. C'est-à-dire quand tu jeûnes. L'on ne doit pas savoir que tu jeûnes. Nous pouvons voir dans ces passages de Mathieu 6:16-18

« *Lorsque vous jeûnez, ne prenez pas un air triste, comme les hypocrites, qui se rendent le visage tout défait, pour montrer aux hommes qu'ils jeûnent. Je vous le dis en vérité, ils reçoivent leur récompense. Mais quand tu jeûnes, parfume ta tête et lave ton visage, afin de ne pas montrer aux hommes que tu jeûnes, mais à ton Père qui est là dans le lieu secret; et ton Père, qui voit dans le secret, te le rendra* ». Et Esaïe 58 « *Crie à plein gosier, ne te retiens pas, Élève ta voix comme une trompette, Et annonce à mon peuple ses iniquités. A la maison de Jacob ses péchés! Tous les jours ils me cherchent. Ils veulent connaître mes voies; Comme une nation qui aurait pratiqué la justice. Et n'aurait pas abandonné la loi de son Dieu. Ils me demandent des arrêts de justice. Ils désirent l'approche de Dieu. Que nous sert de jeûner, si tu ne le vois pas? De mortifier notre âme, si tu n'y as point égard? Voici, le jour de votre jeûne, vous vous livrez à vos penchants. Et vous traitez durement tous vos mercenaires. Voici, vous jeûnez pour disputer et vous quereller. Pour frapper méchamment du poing. Vous ne jeûnez pas comme le veut ce jour. Pour que votre voix soit entendue en haut. Est-ce là le jeûne auquel je prends plaisir, Un jour où l'homme humilie son âme? Courber la tête comme un jonc. Et se coucher sur le sac et la cendre. Est-ce là ce que tu appelleras un jeûne. Un jour agréable à l'Éternel? Voici le jeûne auquel je prends plaisir: Détache les chaînes de la méchanceté. Dénoue les liens de la servitude. Renvoie libres les opprimés. Et que l'on rompe toute espèce de joug. Partage ton pain avec celui qui a faim. Et fais entrer dans ta maison les malheureux sans asile. Si tu vois un homme nu, couvre-le. Et ne te détourne pas de ton semblable. Alors ta lumière poindra comme l'aurore. Et ta guérison germera promptement. Ta justice marchera devant toi. Et la gloire de l'Éternel t'accompagnera. Alors tu appelleras, et l'Éternel répondra. Tu crieras, et il dira: Me voici! Si tu éloignes du milieu de toi le joug. Les gestes menaçants et les discours injurieux. Si tu donnes ta propre subsistance à celui qui a faim. Si tu rassasies l'âme indigente. Ta lumière se lèvera sur l'obscurité. Et tes ténèbres seront comme le midi. L'Éternel sera toujours ton guide. Il rassasiera ton âme dans les lieux arides. Et il redonnera de la vigueur à tes membres. Tu seras comme un jardin arrosé. Comme une source dont les eaux ne tarissent pas. Les tiens rebâtiront sur d'anciennes ruines. Tu relèveras des fondements antiques. On t'appellera réparateur des brèches. Celui qui restaure les chemins, qui rend le pays habitable. Si tu retiens ton pied pendant le sabbat. Pour ne pas faire ta volonté en mon saint jour. Si tu fais du sabbat tes délices. Pour sanctifier l'Éternel en le glorifiant. Et si tu l'honores en ne suivant point tes voies. En ne te livrant pas à tes penchants et à de vains discours. Alors tu mettras ton plaisir en l'Éternel. Et je te ferai monter sur les hauteurs du pays. Je te ferai jouir de l'héritage de Jacob, ton père. Car la bouche de l'Éternel a parlé* ». Jeûner c'est un moment d'intimité que tu as avec Dieu. C'est être en forte communion avec le Seigneur. De même la prière est une intimité avec Dieu. Il est écrit dans la Bible que lorsque tu veux prier. Tu te mets dans ta chambre. Tu fermes la porte et dans le lieu saint tu pries pour que Dieu puisse t'entendre. Tu commences à prier, tu invoques Dieu pour qu'il t'aide. Pour qu'il exauce tes prières. Nous pouvons le voir dans ce passage de Mathieu 6:5-15 « *Lorsque vous priez, ne soyez pas comme les hypocrites, qui aiment à prier debout dans les synagogues et aux coins des rues, pour être vus des hommes. Je vous le dis en vérité, ils reçoivent leur récompense. Mais quand tu pries, entre dans ta chambre, ferme ta porte, et prie ton Père qui est là dans le lieu secret; et ton Père, qui voit dans le secret, te le rendra. En priant, ne multipliez pas de vaines paroles, comme les païens, qui s'imaginent qu'à force de paroles ils seront exaucés. Ne leur ressemblez pas; car votre Père sait de quoi vous avez besoin, avant que vous le lui demandiez. Voici donc comment vous devez prier: Notre Père qui es aux cieux! Que ton nom soit sanctifié; que ton règne vienne; que ta volonté soit faite sur la terre comme au ciel. Donne-nous aujourd'hui notre pain quotidien; pardonne-nous nos offenses, comme nous aussi nous pardonnons à ceux qui nous ont offensés; ne nous induis pas en tentation, mais délivre-nous du malin. Car c'est à toi qu'appartiennent, dans tous les siècles, le règne, la puissance et la gloire. Amen! Si vous pardonnez aux hommes leurs offenses, votre Père céleste vous pardonnera aussi; mais si vous ne pardonnez pas aux hommes, votre Père ne vous pardonnera pas non plus vos offenses* ». Il y a la prière pour l'exaucement. Il y a la prière pour détruire les œuvres des ténèbres. Il y a le jeûne pour que tu aies les armes nécessaires. Pour que tu sois spirituellement aiguisé. Pour que l'esprit de Dieu soit en toi et que Jésus puisse te visiter.

Chapitre 2 L'enseignement

Jésus Chris partait beaucoup à la synagogue pour enseigner. Il disait qu'il n'est pas venu pour abolir la loi. Il enseignait des personnes beaucoup plus instruites. Jésus avait cette sagesse de parler en parabole et d'expliquer ces paraboles. Exemple de la parabole du semeur : Luc 8:4-21 « *Une grande foule, ayant afflué de chaque ville, s'était rassemblée autour de lui. Alors Jésus leur raconta cette parabole : Un semeur sortit pour faire ses semailles. Pendant qu'il répandait sa semence, des grains tombèrent au bord du chemin, furent piétinés par les passants, et les oiseaux du ciel les mangèrent. D'autres tombèrent sur de la pierre. À peine eurent-ils germé que les petits plants séchèrent parce que le sol n'était pas assez humide. D'autres grains tombèrent au milieu des ronces ; celles-ci poussèrent en même temps que les bons plants et les étouffèrent. Mais d'autres tombèrent dans la bonne terre ; ils germèrent et donnèrent du fruit : chaque grain en produisit cent autres. Et Jésus ajouta : Celui qui a des oreilles pour entendre, qu'il entende ! Les disciples lui demandèrent ce que signifiait cette parabole. Il leur dit : Vous avez reçu le privilège de connaître les secrets du royaume de Dieu, mais pour les autres, ces choses sont dites en paraboles. Ainsi, bien qu'ils regardent, ils ne voient pas ; bien qu'ils entendent, ils ne comprennent pas. Voici donc le sens de cette parabole : La semence, c'est la Parole de Dieu. « Au bord du chemin » : ce sont les personnes qui écoutent la Parole, mais le diable vient l'arracher de leur cœur pour les empêcher de croire et d'être sauvées. « Sur de la pierre » : ce sont ceux qui entendent la Parole et l'acceptent avec joie ; mais, comme ils ne la laissent pas prendre racine en eux, leur foi est passagère. Lorsque survient l'épreuve, ils abandonnent tout. « La semence tombée au milieu des ronces » représente ceux qui ont écouté la Parole, mais en qui elle est étouffée par les soucis, les richesses et les plaisirs de la vie, de sorte qu'elle ne donne pas de fruit. Enfin, « la semence tombée dans la bonne terre », ce sont ceux qui, ayant écouté la Parole, la retiennent dans un cœur honnête et bien disposé. Ils persévèrent et ainsi portent du fruit ».* Dans cette parabole Jésus décrit les vrais enfants de Dieu, les vrais chrétiens. De ceux qui reçoivent la parole de Dieu et la mettent en pratique. Jésus éclairait les écritures et la parole de Dieu au peuple qui le suivait.

Chapitre 3 Les miracles

Jésus faisait aussi des miracles. Alors en tant qu'enfants de Dieu. On doit pouvoir faire des miracles. Les miracles ce n'est pas seulement guérir des malades. Si tu es un élève que tu réussis à un examen. Tu as fait aussi un miracle. Si tu es passé à un recrutement et que tu as réussi un travail. Tu as fait aussi un miracle. Si tu donnes naissance à un enfant. Tu as fait un miracle parce que tu peux perdre la vie. Si tu réussis quelque chose d'important dans ta vie c'est un miracle. Si aussi en tant que serviteur ou servante de Dieu, tu guéris des malades ou tu aides des personnes au travers de tes prophéties à se réaliser. Il faudrait que les hommes de Dieu reviennent à Christ et ne dénature pas les écritures. Jésus prophétisait. Nous pouvons le voir dans ce passage de *«Le Seigneur apprit que les pharisiens avaient entendu dire qu'il faisait et baptisait plus de disciples que Jean. À vrai dire Jésus ne baptisait pas lui-même, mais c'étaient ses disciples qui le faisaient. Alors il quitta la Judée et retourna en Galilée. Comme il devait traverser la Samarie, il arriva dans une ville de Samarie appelée Sychar, près du champ que Jacob avait donné à son fils Joseph. Là se trouvait le puits de Jacob. Jésus, fatigué du voyage, était assis au bord du puits. C'était environ midi. Une femme de Samarie vint puiser de l'eau. Jésus lui dit: «Donne-moi à boire.» En effet, ses disciples étaient allés à la ville pour acheter de quoi manger. La femme samaritaine lui dit: «Comment? Toi qui es juif, tu me demandes à boire, à moi qui suis une femme samaritaine?» (Les Juifs, en effet, n'ont pas de relations avec les Samaritains. (Jésus lui répondit: «Si tu savais quel est le cadeau de Dieu et qui est celui qui te dit: 'Donne-moi à boire', tu lui aurais toi-même demandé à boire et il t'aurait donné de l'eau vive.» «Seigneur, lui dit la femme, tu n'as rien pour puiser et le puits est profond. D'où aurais-tu donc cette eau vive? Es-tu, toi, plus grand que notre ancêtre Jacob qui nous a donné ce puits et qui a bu de son eau, lui-même, ses fils et ses troupeaux?» Jésus lui répondit: «Toute personne qui boit de cette eau-ci aura encore soif. En revanche, celui qui boira de l'eau que je lui donnerai n'aura plus jamais soif et l'eau que je lui donnerai deviendra en lui une source d'eau qui jaillira jusque dans la vie éternelle.» La femme lui dit: «Seigneur, donne-moi cette eau afin que je n'aie plus soif et que je n'aie plus à venir puiser ici.» «Va appeler ton mari, lui dit Jésus, et reviens ici.» La femme répondit: «Je n'ai pas de mari.» Jésus lui dit: «Tu as bien fait de dire: 'Je n'ai pas de mari', car tu as eu cinq maris et l'homme que tu as maintenant n'est pas ton mari. En cela tu as dit la vérité.» «Seigneur, lui dit la femme, je vois que tu es un prophète. Nos ancêtres ont adoré sur cette montagne et vous dites, vous, que l'endroit où il faut adorer est à Jérusalem.» «Femme, lui dit Jésus, crois-moi, l'heure vient où ce ne sera ni sur cette montagne ni à Jérusalem que vous adorerez le Père. Vous adorez ce que vous ne connaissez pas; nous, nous adorons ce que nous connaissons, car le salut vient des Juifs. Mais l'heure vient, et elle est déjà là, où les vrais adorateurs adoreront le Père en esprit et en vérité. En effet, ce sont là les adorateurs que recherche le Père. Dieu est Esprit et il faut que ceux qui l'adorent, l'adorent en esprit et en vérité.» La femme lui dit: «Je sais que le Messie doit venir, celui que l'on appelle Christ. Quand il sera venu, il nous annoncera tout.» Jésus lui dit: «Je le suis, moi qui te parle.» Là-dessus arrivèrent ses disciples, et ils étaient étonnés de ce qu'il parlait avec une femme. Toutefois, aucun ne dit: «Que lui demandes-tu?» ou: «Pourquoi parles-tu avec elle?» Alors la femme laissa sa cruche, s'en alla dans la ville et dit aux habitants: «Venez voir un homme qui m'a dit [tout] ce que j'ai fait. Ne serait-il pas le Messie?» Ils sortirent de la ville et vinrent vers lui ».* Il a dit qu'il allait mourir et ressuscité le troisième jour et cela, s'est fait. Donc en tant que serviteur de Dieu. C'est bien de dire des choses mais il faut que l'on voit leur réalisation s'accomplir.

Que Dieu vous bénisse qu'il vous protège. Que Dieu vous donne une vie de prière et de jeûne. Que Dieu vous sanctifie. Que Dieu vous purifie par son sang. Que Dieu enlève les mauvaises pensées en vous. Pour ceux qui ont connu la dépression. Que Dieu vous vous donne un esprit clair. Que Dieu vous donne la force et le courage. Que Dieu vous aide à sortir de cette dépression. Que Dieu vous aide à vivre pleinement la vie en Christ. Et que toutes ces attaques s'arrêtent au nom de Jésus Christ de Nazareth. Amen !

Chapitre 4 La communauté

La bible dit que là où deux sont rassemblés Dieu est présent. Jésus Christ enseignait dans la synagogue mais Jésus Christ avait une communauté. Il avait ses disciples, ses proches et le peuple qui le suivait partout où il allait avec qui il priait. Donc il est bien pour un chrétien d'avoir une communauté, d'avoir une famille chrétienne avec laquelle il pourra prier. Avec laquelle il pourra exposer ses problèmes. Jésus Christ quand son heure est arrivé à dit à ses disciples que c'était le temps pour lui de s'en aller. En quelque sorte, il était triste. Il exprimait un peu son ressenti. Nous pouvons le voir dans le passage de Luc 39:46 « *Après être sorti, il alla, selon sa coutume, à la montagne des Oliviers. Ses disciples le suivirent. Lorsqu'il fut arrivé dans ce lieu, il leur dit: Priez, afin que vous ne tombiez pas en tentation. Puis il s'éloigna d'eux à la distance d'environ un jet de pierre, et, s'étant mis à genoux, il pria, disant: Père, si tu voulais éloigner de moi cette coupe! Toutefois, que ma volonté ne se fasse pas, mais la tienne. Alors un ange lui apparut du ciel, pour le fortifier. Étant en agonie, il priait plus instamment, et sa sueur devint comme des grumeaux de sang, qui tombaient à terre. Après avoir prié, il se leva, et vint vers les disciples, qu'il trouva endormis de tristesse, et il leur dit: Pourquoi dormez-vous? Levez-vous et priez, afin que vous ne tombiez pas en tentation* ». C'est bien que l'on est une communauté auxquelles on pourra expliquer nos craintes, nos problèmes, nos difficultés pour que cette communauté puisse nous soutenir en prière. C'est pour ne pas être seul. C'est pour ne pas se sentir seul. Pour ne pas se sentir abandonner. La communauté se retrouve dans l'église. Il faut aussi avoir une église. Il faut aller prier surtout pour nous les chrétiens catholiques, nous prions les dimanches. Il faut aller à l'église. Il faut prier le Seigneur. Il faut que Dieu nous visite, nous protège. Quand nous prions Dieu à sa main sur nous. Quand nous avons une communauté l'esprit de Dieu est là et l'esprit de Dieu se manifeste. Jésus Christ était beaucoup avec Marie de Magdala, Marie mère de Jacques et de Joseph, ou peut-être Marie de Cléophas, Marie Madeleine. Pour n'en citer que celles-là. Il était avec plein de personnes, les collecteurs d'impôts. Partout où Jésus passait, il était avec les gens ou il s'invitait chez les gens. Il pouvait dire « Bonjour, aujourd'hui je viens manger chez toi ». C'est bien de rendre visite aux gens, de surprendre des gens. Comme Jésus le faisait.

Partie 4 Ce que Dieu aime

Galates 5: 22-23 « Mais le fruit de l'Esprit, c'est l'amour, la joie, la paix, la patience, la bonté, la bénignité, la fidélité, la douceur, la tempérance; la loi n'est pas contre ces choses…. ». Ici nous parlons en quoi on reconnaîtra les vrais enfants de Dieu. Mais aussi il y a des comportements qui plaisent à Dieu. Et souvent nous les expérimentons. Cela est pour notre croissance dans notre marche avec les Seigneur. Dans cette partie, je parlerai, du brisement, l'humilité, l'obéissance, le devoir, le service. Comment Dieu voudrait que nous soyons et nous nous comportions et pourquoi souvent des situations difficiles nous arrivent. Quelle est l'utilité ?

- Le brisement

Il arrive dans nos vies où Dieu nous brise. J'avais parlé de l'histoire de Job qui avait tout perdu que Dieu avait brisé. Que le diable avait attaqué. Job a été brisé pour que Dieu puisse voir en lui sa foi, son amour et sa considération pour lui. Quand nous allons dans la Bible, il y a aussi l'histoire d'Abraham qui a voulu sacrifier son fils Isaac pour montrer qu'il avait vraiment foi en Dieu. Le brisement, on peut parler aussi de Sarah, la femme d'Abraham qui a mis son fils au monde à 90 ans. Dieu permet le brisement pour que nous nous soumettions à lui. Pour que nous lui donnions notre vie. Pour que nous nous consacrions à lui. Dieu nous brise pour que nous soyons changés. C'est-à-dire que si avant tu étais dans le péché quand Dieu te brise, tu deviens une nouvelle personne, une personne bénit, oint et sainte. Quand Dieu te brise il change ta manière de penser, ta manière de faire, il change ta manière d'être. Quand Dieu te brise, il ne t'abandonne pas. Dieu reste à tes côtés. Il veille sur toi. Dieu te soutient. Dieu est présent, il est toujours là à tes côtés. Il te brise aussi pour que tu sois humble. Il te brise pour que si tu étais orgueilleux, tu puisses avoir l'humilité. Il y a des gens par exemple quand Dieu les bénit qu'ils ont beaucoup d'argents. Ils deviennent orgueilleux, ils insultent les gens, ils deviennent irrespectueux, ils rabaissent tout le monde. Et souvent Dieu brise ces personnes pour qu'ils se souviennent de leur état initial, de là où il les a pris avant qu'ils deviennent ce qu'ils sont aujourd'hui. Dieu nous brise pour que nous soyons fidèles à lui, à lui seul et à sa parole. Ils nous prisent aussi pour qu'on change. Pour qu'on ait un bon caractère. Ils nous brisent pour que nous soyons des gens bien.

- L'humilité

La Bible dit que l'humilité précède la gloire. On peut le lire dans ce passage de Proverbes 15:33 « *La crainte de l'Éternel enseigne la sagesse, Et l'humilité précède la gloire* ». C'est Dieu qui donne le souffle de vie. C'est Dieu qui permet l'existence. C'est Dieu qui a créé ce monde. Donc tout ce que nous avons sur la terre que ce soit des maisons, des voitures, des yachts, des jets privés. Toutes ces choses que l'homme recherche. C'est Dieu qui le permet. Et Dieu en une fraction de seconde peut enlever ses choses comme cela a été dans la vie de Job. Donc il faut être humble, simple. Il faut avoir une vie qui plaît à Dieu. Avoir une vie religieuse, spirituelle et non forcément matériel. Parce que le matériel c'est Dieu qui donne. L'humilité c'est se rabaisser, c'est le respecter tout le monde, les petits comme les grands. C'est de donner à qui souffre. Par exemple tu vois un sans domicile fixe (sdf) dans la rue, il ne faudrait pas que tu le prennes de haut. Tu peux lui donner des vêtements, à manger. Quelqu'un frappe à ta porte, tu dois lui ouvrir la porte par exemple. Ce sont de petits gestes qui plaisent à Dieu. L'humilité c'est la simplicité et Christ était quelqu'un de simple. Il n'était ni arrogant ni insolant. Et nous devons être comme Christ là été de même que Jean Baptiste. L'exhorte donc tous les chrétiens à cultiver l'humilité, à cultiver la simplicité. Et dans l'humilité que Dieu voit ton cœur. C'est dans l'humilité que Dieu te bénit. C'est dans l'humilité que Dieu t'élève, te soutient, t'exauce. Il faut avoir un caractère humble.

- L'obéissance

Dieu a donné des commandements à Moise quand il lui est apparu. Nous pouvons le voir dans ce passage d'Exode 20:2-17 « *Je suis l'Éternel, ton Dieu, qui t'a fait sortir d'Égypte, de la maison d'esclavage. Tu n'auras pas d'autres dieux devant moi. Tu ne te feras pas de sculpture sacrée ni de représentation de ce qui est en haut dans le ciel, en bas sur la terre et dans l'eau plus bas que la terre. Tu ne te prosterneras pas devant elles et tu ne les serviras pas, car moi, l'Éternel, ton Dieu, je suis un Dieu jaloux. Je punis la faute des pères sur les enfants jusqu'à la troisième et la quatrième génération de ceux qui me détestent, et j'agis avec bonté jusqu'à 1000 générations envers ceux qui m'aiment et qui respectent mes commandements. Tu n'utiliseras pas le nom de l'Éternel, ton Dieu, à la légère, car l'Éternel ne laissera pas impuni celui qui utilisera son nom à la légère. Souviens-toi de faire du jour du repos un jour saint. Pendant 6 jours, tu travailleras et tu feras tout ce que tu dois faire. Mais le septième jour est le jour du repos de l'Éternel, ton Dieu. Tu ne feras aucun travail, ni toi, ni ton fils, ni ta fille, ni ton esclave, ni ta servante, ni ton bétail, ni l'étranger qui habite chez toi. En effet, en 6 jours l'Éternel a fait le ciel, la terre, la mer et tout ce qui s'y trouve, et il s'est reposé le septième jour. Voilà pourquoi l'Éternel a béni le jour du repos et en a fait un jour saint. Honore ton père et ta mère afin de vivre longtemps dans le pays que l'Éternel, ton Dieu, te donne. Tu ne commettras pas de meurtre. Tu ne commettras pas d'adultère. Tu ne commettras pas de vol. Tu ne porteras pas de faux témoignages contre ton prochain. Tu ne convoiteras pas la maison de ton prochain; tu ne convoiteras pas la femme de ton prochain, ni son esclave, ni sa servante, ni son bœuf, ni son âne, ni quoi que ce soit qui lui appartienne* ». Parmi ces commandements, Dieu nous demande de l'obéir. L'obéissance de Dieu c'est la crainte de l'Éternel. Craindre l'Éternel c'est de faire des choses qui sont bien, des choses qui s'éloignent du péché.

L'obéissance c'est obéir à ses voies, à sa parole. C'est d'obéir à ses serviteurs et servantes, à ceux qu'il a établis dans l'église, sur la terre pour son service. Parce qu'il parle au travers d'eux. L'obéissance, c'est aussi l'humilité, le brisement, le devoir.

- Le devoir

Chaque chrétien doit avoir dans son parcours une aide à l'église selon le département. Il faut que tu poses un acte pour l'église. Par exemple tu peux devenir chantre, lire la parole, t'occuper du service, t'occuper des malades quand tu as le temps. Tu peux aider l'homme de Dieu. Tu peux servir l'homme de Dieu. C'est de comprendre que Dieu attend beaucoup de chose de nous. Et qu'en tant que chrétien, nous devons lui être reconnaissants pour tout ce qu'il fait pour nous chaque jour.

- Service

Et la reconnaissance prend sa place dans le service. Il faut servir Dieu en vérité, le craindre, le prier. Nous devons l'aimer au-dessus de tout. La parole dit que tu aimerais Dieu de tout ton être, de tout ton esprit et de toute ton âme. Tu n'auras pas d'autres Dieu. Dieu étant un Dieu jaloux. Nous devons servir Dieu comme nous pouvons parce qu'il est au-dessus de toute chose et c'est lui qui permet l'existence.

Partie 5 La consécration

La bible que notre corps est le temple de Dieu. Nous devons avoir une vie de consécration. Nous devons avoir des moments de prière et des moments de jeûne. Nous devons avoir la vie de Christ. Nous devons avoir la vraie nature de Christ. Nous ne devons pas faire n'importe quoi avec notre corps. Nous devons bien nous vêtir, prendre soin de nous, être propre. Aussi tout ce qui entre dans notre bouche doit être pur car il y a des animaux que Dieu a interdit de manger. Nous pouvons le voir dans ce passage de Lévitique 11: 4-47 « *Mais vous ne mangerez pas de ceux qui ruminent seulement, ou qui ont la corne fendue seulement. Ainsi, vous ne mangerez pas le chameau, qui rumine, mais qui n'a pas la corne fendue: vous le regarderez comme impur. Vous ne mangerez pas le daman, qui rumine, mais qui n'a pas la corne fendue: vous le regarderez comme impur. Vous ne mangerez pas le lièvre, qui rumine, mais qui n'a pas la corne fendue: vous le regarderez comme impur. Vous ne mangerez pas le porc, qui a la corne fendue et le pied fourchu, mais qui ne rumine pas: vous le regarderez comme impur. Vous ne mangerez pas de leur chair, et vous ne toucherez pas leurs corps morts: vous les regarderez comme impurs. Voici les animaux dont vous mangerez parmi tous ceux qui sont dans les eaux. Vous mangerez de tous ceux qui ont des nageoires et des écailles, et qui sont dans les eaux, soit dans les mers, soit dans les rivières. Mais vous aurez en abomination tous ceux qui n'ont pas des nageoires et des écailles, parmi tout ce qui se meut dans les eaux et tout ce qui est vivant dans les eaux, soit dans les mers, soit dans les rivières. Vous les aurez en abomination, vous ne mangerez pas de leur chair, et vous aurez en abomination leurs corps morts. Vous aurez en abomination tous ceux qui, dans les eaux, n'ont pas des nageoires et des écailles. Voici, parmi les oiseaux, ceux que vous aurez en abomination, et dont on ne mangera pas: l'aigle, l'orfraie et l'aigle de mer; le milan, l'autour et ce qui est de son espèce; le corbeau et toutes ses espèces; l'autruche, le hibou, la mouette, l'épervier et ce qui est de son espèce; le chat-huant, le plongeon et la chouette; le cygne, le pélican et le cormoran; la cigogne, le héron et ce qui est de son espèce, la huppe et la chauve-souris. Vous aurez en abomination tout reptile qui vole et qui marche sur quatre pieds. Mais, parmi tous les reptiles qui volent et qui marchent sur quatre pieds, vous mangerez ceux qui ont des jambes au-dessus de leurs pieds, pour sauter sur la terre. Voici ceux que vous mangerez: la sauterelle, le solam, le hargol et le hagab, selon leurs espèces. Vous aurez en abomination tous les autres reptiles qui volent et qui ont quatre pieds. Ils vous rendront impurs: quiconque touchera leurs corps morts sera impur jusqu'au soir, et quiconque portera leurs corps morts lavera ses vêtements et sera impur jusqu'au soir. Vous regarderez comme impur tout animal qui a la corne fendue, mais qui n'a pas le pied fourchu et qui ne rumine pas: quiconque le touchera sera impur. Vous regarderez comme impurs tous ceux des animaux à quatre pieds qui marchent sur leurs pattes: quiconque touchera leurs corps morts sera impur jusqu'au soir, et quiconque portera leurs corps morts lavera ses vêtements et sera impur jusqu'au soir. Vous les regarderez comme impurs. Voici, parmi les animaux qui rampent sur la terre, ceux que vous regarderez comme impurs: la taupe, la souris et le lézard, selon leurs espèces; le hérisson, la grenouille, la tortue, le limaçon et le caméléon. Vous les regarderez comme impurs parmi tous les reptiles: quiconque les touchera morts sera impur jusqu'au soir. Tout objet sur lequel tombera quelque chose de leurs corps morts sera souillé, ustensiles de bois, vêtement, peau, sac, tout objet dont on fait usage; il sera mis dans l'eau, et restera souillé jusqu'au soir; après quoi, il sera pur. Tout ce qui se trouvera dans un vase de terre où il en tombera quelque chose, sera souillé, et vous briserez le vase. Tout aliment qui sert à la nourriture, et sur lequel il sera tombé de cette eau, sera souillé; et toute boisson dont on fait usage, quel que soit le vase qui la contienne, sera souillée. Tout objet sur lequel tombera quelque chose de leurs corps morts sera souillé; le four et le foyer seront détruits: ils seront souillés, et vous les regarderez comme souillés. Il n'y aura que les sources et les citernes, formant des amas d'eaux, qui resteront pures; mais celui qui y touchera de leurs corps morts sera impur. S'il tombe quelque chose de leurs corps morts sur une semence qui doit être semée, elle restera pure; mais si l'on a mis de l'eau sur la semence, et qu'il y tombe quelque chose de leurs corps morts, vous la regarderez comme souillée. S'il meurt un des animaux qui vous servent de nourriture, celui qui touchera son corps mort sera impur jusqu'au soir; celui qui mangera de son corps mort lavera ses vêtements et sera impur jusqu'au soir, et celui qui portera son corps mort lavera ses vêtements et sera impur jusqu'au soir. Vous aurez en abomination tout reptile qui rampe sur la terre: on n'en mangera point. Vous ne mangerez point, parmi tous les reptiles qui rampent sur la terre, de tous ceux qui se traînent sur le ventre, ni de tous ceux qui marchent sur quatre pieds ou sur un grand nombre de pieds; car vous les aurez en abomination. Ne rendez point vos personnes abominables par tous ces reptiles qui rampent; ne vous rendez point impurs par eux, ne vous souillez point par eux. Car je suis l'Éternel, votre Dieu; vous vous sanctifierez, et vous serez saints, car je suis saint; et vous ne vous rendrez point impurs par tous ces reptiles qui rampent sur la terre. Car je suis l'Éternel, qui vous a fait monter du pays d'Égypte, pour être votre Dieu, et pour que vous soyez saints; car je suis saint. Telle est la loi touchant les animaux, les oiseaux, tous les êtres vivants qui se meuvent dans les eaux, et tous les êtres qui rampent sur la terre, afin que vous distinguiez ce qui est impur et ce qui est pur, l'animal qui se mange et l'animal qui ne se mange pas »*. Notre corps doit être saint. Parce que la Bible dit dans l'ancien Testament qu'Adam et Ève quand ils ont mangé la pomme se sont rendu compte qu'ils étaient nus. Ils ont eu peur et ils se sont cachés. Dieu leur a demandé pourquoi ils se cachent. Ils ont dit qu'ils sont nus. Après Dieu leur a donné des vêtements. Il les a couverts. Nous pouvons le voir dans ce passage de Genèse 3: 21-23 « *Et l'ÉTERNEL DIEU fit à Adam et à sa femme des vêtements de peau, et les revêtit. Et l'ÉTERNEL DIEU dit : Voici, l'homme est devenu comme l'un de nous, pour connaître le bien et le mal ; et maintenant, — afin qu'il n'avance pas sa main et ne prenne aussi de l'arbre de vie et n'en mange et ne vive à toujours… ! Et l'ÉTERNEL DIEU le mit hors du jardin d'Éden, pour labourer le sol, d'où il avait été pris : il chassa l'homme, et plaça à l'orient du jardin d'Éden les chérubins et la lame de l'épée qui tournait çà et là, pour garder le chemin de l'arbre de vie ».*

Donc Dieu connaît l'importance du vêtement. Il connaît l'importance du corps. Nous devons donc prendre soin de notre corps. Nous devons bien nous nourrir parce que si notre corps est malade. Nous ne pouvons rien faire.

- La chasteté

Nous devons observer la chasteté pour les personnes encore célibataire jusqu'au mariage. C'est important la chasteté. Ça nous permet d'être propres, d'être consacré à Dieu, sous la tutelle de Dieu, d'être dans le spirituel. Même les mariés peuvent aussi observer la chasteté quand ils sont en jeûne.

- Les privations

Nous devons nous priver de certaines choses qui nous éloignent de Dieu. Certaines pratiques qui nous éloignent de Dieu. Afin que Dieu nous bénisse d'avantage. Nous devons résister au péché.

- Résister au péché

Nous devons résister au péché. Souvent quand il y a la tentation il faut pouvoir dire non. Il faut pouvoir bien se comporter.

Partie 5 Les bénédictions et les grâces en Christ

Pour nous les chrétiens qu'est-ce que nous obtenons quand nous donnons notre vie à Christ ? Comme Christ a dit dans sa parole : « Tout lui a été donné sur la terre et dans les cieux ». Mathieu 28:18 *«Jésus, s'étant approché, leur parla ainsi: Tout pouvoir m'a été donné dans le ciel et sur la terre ».* C'est pour dire que quand on donne sa vie à Christ. Nous avons des bénédictions. Les bénédictions peuvent être matérielles ou elles peuvent être immatérielles. Les bénédictions matérielles peuvent être les biens financiers. Dieu peut te bénir financièrement. Dieu peut t'ouvrir des portes. Dieu peut faire en sorte que de ton vivant jusqu'à la fin de tes jours. Tu ne manques de rien sur la terre. Dieu peut te garder. Mais les bénédictions matérielles pour les avoir aussi si nous lisons la Bible que ce soit dans l'ancien ou le Nouveau Testament. Il faut payer ses offrandes et se dîmes. Nous pouvons le voir dans ce passage de Mathieu 23:23 *« Malheur à vous, scribes et pharisiens hypocrites! Parce que vous payez la dîme de*

Les bénédictions immatérielles, c'est la santé, le bonheur, la joie, le mariage, l'enfantement. Concernant la santé, il y a des personnes qui souffrent dans ce monde. Ils peuvent être malvoyants, muet, handicapé physique ou psychique, avoir la tumeur, avoir le cancer, avoir le sida, la folie. Or quand tu acceptes Jésus Christ et qu'il vient prendre toute la place dans ta vie. Toutes ces maladies disparaissent. Elles te quittent. Concernant le mariage, il y a des femmes qui sont belles, intelligentes mais qui n'arrivent pas à se marier, tout simplement parce qu'il y a un voile noir qui est sur leur vie qui fait qu'on ne les voit pas. Or quand Jésus Christ est dans ta vie, il te connecte à ton âme sœur. Concernant l'enfantement, il y a des femmes qui sont stériles. Nous avons vu dans la Bible que Sarah était stérile. Elle ne faisait pas d'enfants. C'est à 90 ans que Sarah a eu Isaac. Il a fallu que des anges viennent visiter Abraham pour lui dire qu'elle allait avoir un enfant. Même quand ils le lui ont dit elle a rigolé, elle ne croyait pas car elle était avancée en âge. Donc quand tu es en Christ, la stérilité est brisée. Quand tu es en Christ Dieu te sort des difficultés, des problèmes de papier, de travail parce qu'il y a des blocages. En Jésus Christ toutes ces choses sont brisées.

La grâce c'est une faveur qui est imméritée. Nous pouvons prendre l'exemple de la vie d'Esther dans la Bible. Elle était juive. Un jour le roi de Perse voulait présenter sa femme à ses convives. Elle refusa car elle disait qu'il allait la ridiculiser. Donc ce jour-là, le roi a chassé la reine. Après il a commencé à chercher une nouvelle femme parmi plusieurs femmes vierges et son regard s'est porté sur Esther. Esther est devenue reine de Perse. Esther à un moment donné a sauvé son peuple, le peuple juif pour qu'il reste dans le royaume en décrétant trois jours de jeûnes. Ce n'est pas parce qu'Esther était la plus belle, intelligente. Mais elle s'est trouvée au bon moment et avait le bon timing. Nous pouvons aussi parler de la Vierge Marie à qui la grâce a été donnée de mettre au monde Jésus Christ de Nazareth. À qui l'ange Gabriel s'est révélé. Nous pouvons le voir dans ce passage de Luc 1:26-38 « *Au sixième mois, l'ange Gabriel fut envoyé par Dieu dans une ville de Galilée, appelée Nazareth, auprès d'une vierge fiancée à un homme de la maison de David, nommé Joseph. Le nom de la vierge était Marie. L'ange entra chez elle, et dit: Je te salue, toi à qui une grâce a été faite; le Seigneur est avec toi. Troublée par cette parole, Marie se demandait ce que pouvait signifier une telle salutation. L'ange lui dit: Ne crains point, Marie; car tu as trouvé grâce devant Dieu. Et voici, tu deviendras enceinte, et tu enfanteras un fils, et tu lui donneras le nom de Jésus. Il sera grand et sera appelé Fils du Très Haut, et le Seigneur Dieu lui donnera le trône de David, son père. Il régnera sur la maison de Jacob éternellement, et son règne n'aura point de fin. Marie dit à l'ange: Comment cela se fera-t-il, puisque je ne connais point d'homme? L'ange lui*

En Jésus Christ, il y a la vie éternelle. Tout ce qu'on fait sur la terre c'est pour aller au ciel. Si tu n'as pas encore pensé à la vie éternelle. C'est le moment d'y penser. Tu t'es posé la question de savoir si tu allais être jeté dans la géhenne toute l'éternité dans le soufre. Tu t'es posé ce genre de question, je ne pense pas. Moi avant je ne me posais pas ce genre de questions. Je me disais que je vis comme ça ma vie. Mais maintenant, je suis entrain de prendre conscience qu'on ne vit pas pour vivre son quotidien comme on en a envie. Nous devons penser à la vie éternelle. A ce que Dieu nous réserve dans le ciel. Et comme je l'ai dit dans les autres parties en prenant l'apocalypse de Jean et en parlant de la nouvelle Jérusalem. C'est un bel endroit que Dieu nous réserve, un endroit où nous serons heureux.

Dieu bénit parce qu'à lui appartiennent l'or et l'argent. Nous pouvons le voir dans le livre d'Aggée 2:8 « L'argent est à moi, et l'or est à moi, Dit l'Eternel des armées ». Donc si tu as besoin d'argent il suffit de demander à Dieu qui le disposera pour toi. Quand tu es en Christ, tu ne manques de rien. Dieu te bénit. Quand tu payes ta dimes et tes offrandes. Dieu te bénit.

Partie 6 L'esprit Saint

Jésus Christ lorsqu'il a été crucifié et qu'il est ressuscité d'entre les morts avant de partir au ciel. Il s'est présenté à ces disciples et Il leur a dit qu'il nous laissera le Saint-Esprit. Nous pouvons le voir dans ce passage de Jean 14:15-31 « *Si vous m'aimez, vous suivrez mes commandements. Et moi, je demanderai au Père de vous donner un autre défenseur en justice, afin qu'il reste pour toujours avec vous : c'est l'Esprit de vérité, celui que le monde est incapable de recevoir parce qu'il ne le voit pas et ne le connaît pas. Quant à vous, vous le connaissez, car il demeure auprès de vous, et il sera en vous. Non, je ne vous laisserai pas orphelins, mais je reviendrai vers vous. Sous peu, le monde ne me verra plus ; mais vous, vous me verrez parce que je vis et que, vous aussi, vous vivrez. [20] Quand ce jour viendra, vous connaîtrez que je suis en mon Père ; vous saurez aussi que vous êtes en moi, et que moi je suis en vous. Celui qui m'aime, c'est celui qui retient mes commandements et les applique. Mon Père aimera celui qui m'aime ; moi aussi, je l'aimerai et je me ferai connaître à lui. Jude (qu'il ne faut pas confondre avec Judas Iscariot) lui demanda : Seigneur, pourquoi est-ce seulement à nous que tu veux te manifester, et non au monde ? Jésus lui répondit : Si quelqu'un m'aime, il obéira à ma parole. Mon Père aussi l'aimera : nous viendrons à lui et nous établirons notre demeure chez lui. Mais celui qui ne m'aime pas ne met pas mes paroles en pratique. Or, cette Parole que vous entendez ne vient pas de moi, c'est la Parole même du Père qui m'a envoyé. Je vous dis tout cela pendant que je suis encore avec vous. Mais le Défenseur en justice, le Saint-Esprit que le Père enverra en mon nom, vous enseignera toutes choses et vous rappellera tout ce que je vous ai dit moi-même. Je pars, mais je vous laisse la paix, c'est ma paix que je vous donne. Je ne vous la donne pas comme le monde la donne. C'est pourquoi, ne soyez pas troublé et n'ayez aucune crainte en votre cœur. Vous m'avez entendu dire que je pars, mais aussi que je reviendrai auprès de vous. Si vous m'aimiez, vous seriez heureux de savoir que je vais au Père, car le Père est plus grand que moi. Je vous ai prévenus dès maintenant, avant que ces choses arrivent, pour qu'au jour où elles se produiront, vous croyiez. Désormais, je n'aurai plus guère l'occasion de m'entretenir avec vous, car le dominateur de ce monde vient. Ce n'est pas qu'il ait une prise sur moi, mais il faut que le monde reconnaisse que j'aime le Père et que j'agis conformément à ce qu'il m'a ordonné. Levez-vous ; partons d'ici ».* Le Saint-Esprit c'est le consolateur. Le Saint-Esprit c'est l'esprit de Dieu. Et le Saint-Esprit vient pour nous libérer et nous donner la paix. Comme c'est écrit dans 2 corinthiens 3:17 *« Or, le Seigneur c'est l'Esprit; et là où est l'Esprit du Seigneur, là est la liberté ».* Le Saint-Esprit c'est l'esprit de Dieu, c'est l'esprit qui vient nous rendre libre des situations difficiles. Nous rendre libre de l'emprise du diable. Nous rendre libres des prisons sataniques dans lesquelles nous sommes. L'Esprit Saint vient nous libérer de l'emprise du diable. Ensuite quand on parle de l'Esprit Saint, on parle aussi de la foi et de l'espérance. La Bible dit dans Romains 15:13 *« Que le Dieu de l'espérance vous remplisse de toute joie et de toute paix dans la foi, pour que vous abondiez en espérance, par la puissance du Saint-Esprit! »* . Quand on a l'Esprit Saint de Dieu en nous on a la foi, la foi c'est quelque chose qu'on ne voit pas. C'est la confiance en Dieu de manière aveugle. Il vient nous donner l'espoir que Christ est venu pour nous sauver. L'espoir que Christ est notre Seigneur et notre sauveur. L'espoir que ça ira pour nous. L'espoir que les choses vont s'améliorer dans notre vie. L'espoir que les choses vont changer pour le meilleur dans notre vie en tant que chrétien. Dans 1 Corinthiens 6:19-20 *« Ne savez-vous pas que votre corps est le temple du Saint-Esprit qui est en vous, que vous avez reçu de Dieu, et que vous ne vous appartenez point à vous-mêmes? Car vous avez été racheté à un grand prix. Glorifiez donc Dieu dans votre corps et dans votre esprit, qui appartiennent à Dieu ».* L'esprit de Dieu c'est l'adoration et la vie. Nous devons adorer Dieu en esprit et en vérité. Nous devons savoir que si nous vivons c'est parce que Christ est mort sur la croix pour nos péchés. Il a donné sa vie pour que nous ayons la liberté, la force, la victoire dans nos combats face au diable. La Bible dit aussi dans Jean 14:16 *« Et moi, je prierai le Père, et il vous donnera un autre consolateur, afin qu'il demeure éternellement avec vous ».*

L'esprit saint c'est un défenseur mais c'est aussi un consolateur. Il vient pour te défendre pour te protéger contre les manigances du diable, contre les œuvres démoniaques. Il vient te protéger, te garder. Dans Jean 14:26 « *Mais le consolateur, l'Esprit Saint, que le Père enverra en mon nom, vous enseignera toutes choses, et vous rappellera tout ce que je vous ai dit* ». Donc l'Esprit Saint étant un défenseur, il vient rappeler tout ce qui a été dit par Christ. Nous sommes l'église. Nous sommes le temple du Saint-Esprit et nous devons être dans la sainteté, dans la communion, dans la fraternité. Nous pouvons le voir dans 1 Corinthiens 3:16 « *Ne savez-vous pas que vous êtes le temple de Dieu, et que l'Esprit de Dieu habite en vous?* ». Nous savons aussi que l'esprit de Dieu est descendu sur certaines personnes le jour de la Pentecôte et ils ont commencé à parler diverses langues. Cela, on peut le voir dans le passage d'Actes 2:3-4 « *Des langues, semblables à des langues de feu, leur apparurent, séparées les unes des autres, et se posèrent sur chacun d'eux. Et ils furent tous remplis du Saint-Esprit, et se mirent à parler en d'autres langues, selon que l'Esprit leur donnait de s'exprimer* ». Donc l'esprit saint c'est aussi le parler en langue. Parler des langues inconnues comprises par d'autres peuples. Par exemple l'esprit saint te touche, tu peux parler en hébreux alors que tu n'es pas hébreu. Le Saint-Esprit vient pour rester dans nos cœurs. Il vient pour nous combler, pour nous donner la paix. Nous pouvons le voir dans le passage de Romains 5:5 « *Or, l'espérance ne trompe point, parce que l'amour de Dieu est répandu dans nos cœurs par le Saint-Esprit qui nous a été donné* ». L'Esprit-Saint nous emmène à respecter des commandements, des prescriptions de Dieu comme je l'ai dit tout au long du chapitre. Il vient nous fait respecter les règles. Nous pouvons le voir dans Ezéchiel 36:27 « *Je mettrai mon esprit en vous, et je ferai en sorte que vous suiviez mes ordonnances, et que vous observiez et pratiquiez mes lois* ». Il ne faut pas attrister Dieu, il ne faut pas attrister le Saint-Esprit. La Bible dit dans Ephésiens 4:30 « *N'attristez pas le Saint-Esprit de Dieu, par lequel vous avez été scellés pour le jour de la rédemption* ». On ne doit pas faire des choses qui ne plaisent pas à Dieu. Parce qu'on porte la marque du Saint-Esprit en tant d'enfants de Dieu. L'Esprit Saint c'est la famille, c'est la prière, c'est le volontariat. Il est là pour protéger nos enfants, nos familles, nos proches. Nous pouvons le voir dans ce passage de Luc 11:13 « *Si donc, méchants comme vous l'êtes, vous savez donner de bonnes choses à vos enfants, à combien plus forte raison le Père céleste donnera-t-il le Saint-Esprit à ceux qui le lui demandent* ». Le Saint-Esprit nous apporte l'assurance que Dieu peut nous guérir, nous bénir, nous sortir des difficultés. Nous pouvons le voir dans Actes 4:31 « *Quand ils eurent prié, le lieu où ils étaient assemblés trembla; ils furent tous remplis du Saint-Esprit, et ils annonçaient la parole de Dieu avec assurance* ». Le Saint-Esprit fait de nous des témoins. Ça nous emmène à évangéliser à parler de Christ, à parler de la parole de Dieu, à l'imiter, à être ses sujets et ses exemples. Il nous donne la force et cela nous pouvons le voir dans Actes 1:8 « *Mais vous recevrez une puissance, le Saint-Esprit survenant sur vous, et vous serez mes témoins à Jérusalem, dans toute la Judée, dans la Samarie, et jusqu'aux extrémités de la terre* ». L'esprit Saint c'est l'obéissance et l'apprentissage. Nous pouvons le voir dans ce passage de Psaume 143:10 « *Enseigne-moi à faire ta volonté! Car tu es mon Dieu. Que ton bon esprit me conduise sur la voie droite!* ». L'Esprit-Saint vient nous apprendre à être des personnes obéissantes. C'est aussi l'amour, la foi, c'est Jésus Christ lui-même qui est l'Esprit-Saint. C'est lui qui vient en nous et c'est lui qui se manifeste en nous. En plus d'être l'assurance. L'Esprit-Saint c'est aussi la compassion. Nous pouvons le voir dans Jude 1:20-21 « *Pour vous, bien-aimés, vous édifiant vous-mêmes sur votre très sainte foi, et priant par le Saint-Esprit, maintenez-vous dans l'amour de Dieu, en attendant la miséricorde de notre Seigneur Jésus-Christ pour la vie éternelle* ». L'Esprit-Saint avant tout c'est le baptême. On a vu que Jésus Christ quand il a été baptisé, le ciel s'est ouvert et l'esprit est descendu sur lui. Nous pouvons le voir dans Luc 3:22 « *et le Saint-Esprit descendit sur lui sous une forme corporelle, comme une colombe. Et une voix fit entendre du ciel ces paroles: Tu es mon Fils bien-aimé; en toi j'ai mis toute mon affection* ». Donc quand on reçoit le baptême. On reçoit le Saint-Esprit. C'est aussi le pardon de nos péchés. Dieu nous pardonne nos péchés. Dans l'église Catholique après le baptême quand on pèche, on va voir le prêtre. Et on expose nos péchés au prêtre. Il nous donne l'absolution afin qu'on ne pèche plus. Jésus Christ aussi lorsqu'on devait lapider l'adultérine. Il a dit va et ne pèche plus. Nous pouvons le voir dans ce passage de Jean 8:11 « *Jésus se rendit au mont des Oliviers. Mais dès le matin il revint dans le temple et tout le peuple s'approcha de lui. Il s'assit et se mit à les enseigner. Alors les spécialistes de la loi et les pharisiens amenèrent une femme surprise en train de commettre un adultère. Ils la placèrent au milieu de la foule et dirent à Jésus: «Maître, cette femme a été surprise en flagrant délit d'adultère. Moïse, dans la loi, nous a ordonné de lapider de telles femmes. Et toi, que dis-tu?» Ils disaient cela pour lui tendre un piège, afin de pouvoir l'accuser. Mais Jésus se baissa et se mit à écrire avec le doigt sur le sol. Comme ils continuaient à l'interroger, il se redressa et leur dit: «Que celui d'entre vous qui est sans péché jette le premier la pierre contre elle.» Puis il se baissa de nouveau et se remit à écrire sur le sol. Quand ils entendirent cela, accusés par leur conscience ils se retirèrent un à un, à commencer par les plus âgés et jusqu'aux derniers; Jésus resta seul avec la femme qui était là au milieu. Alors il se redressa et, ne voyant plus qu'elle, il lui dit: «Femme, où sont ceux qui t'accusaient? Personne ne t'a donc condamnée?» Elle répondit: «Personne, Seigneur.» Jésus lui dit: «Moi non plus, je ne te condamne pas; vas-y et désormais ne pèche plus.»* L'Esprit Saint vient pour que nos fautes nous soient pardonnés. Nous pouvons le voir dans Actes 2:38 « *Pierre leur dit: Repentez-vous, et que chacun de vous soit baptisé au nom de Jésus Christ, pour le pardon de vos péchés; et vous recevrez le don du Saint-Esprit* ».

J'ai dit que l'Esprit Saint c'est le défenseur, le consolateur, le protecteur, le témoin, c'est l'assurance, c'est la grâce. En tant que grâce, on peut le voir dans 2 Corinthiens

13:14 *«Que la grâce du Seigneur Jésus-Christ, l'amour de Dieu, et la communication du Saint-Esprit, soient avec vous tous! »*.

L'Esprit Saint c'est aussi le témoin, nous pouvons le voir dans ce passage d'Actes 5:32 *« Nous sommes témoins de ces choses, de même que le Saint-Esprit, que Dieu a donné à ceux qui lui obéissent »*. Nous sommes des témoins de Dieu de même que le Saint-Esprit.

Souvent quand nous sommes attaqués nous voulons nous-même résoudre nos problèmes. C'est ainsi que certaines personnes vont tuer des gens, ils vont se battre. Ils vont faire de mauvaises choses aux gens parce qu'on leur a fait du mal. Dans Zacharie 4:6, la Bible dit *« Alors il reprit et me dit: C'est ici la parole que l'Éternel adresse à Zorobabel: Ce n'est ni par la puissance ni par la force, mais c'est par mon esprit, dit l'Éternel des armées »*. C'est l'esprit de Dieu qui combat le mal et non l'être humain. Ce n'est donc pas à toi de combattre le sorcier ou ton patron qui t'a licencié de l'entreprise, ton mari qui t'a mis à la porte. C'est l'esprit de Dieu qui s'en charge.

Quand on a l'Esprit Saint et comme c'est le consolateur. Il nous emmène à ne plus nous soucier de nos problèmes, de nos difficultés. Il vient nous donner l'attention, l'amour, nous calmer, nous parler, nous aider. C'est ainsi que c'est écrit dans Marc 13:11 *« Quand on vous emmènera pour vous livrer, ne vous inquiétez pas d'avance de ce que vous aurez à dire, mais dites ce qui vous sera donné à l'heure même; car ce n'est pas vous qui parlerez, mais l'Esprit Saint »*. Le Saint-Esprit parle en nous et fait en sorte qu'on n'a pas à ce se soucier parce qu'il est présent avec nous.

Enfin dans Actes 13:2 *« Pendant qu'ils servaient le Seigneur dans leur ministère et qu'ils jeûnaient, le Saint-Esprit dit: Mettez-moi à part Barnabas et Saul pour l'oeuvre à laquelle je les ai appelés »*. L'Esprit Saint c'est aussi le jeûne et l'adoration.

Dans 2 Corinthiens 3:17 *«Or, le Seigneur c'est l'Esprit; et là où est l'Esprit du Seigneur, là est la liberté »*. Quand on a Christ, on a l'Esprit Saint, on a la bénédiction, on est sauvé, on a la liberté, on est au-dessus de tout. On a la liberté sur le diable et sur nos ennemies.

Tout ce qui est impossible aux hommes est possible à Dieu et Jésus au travers de l'Esprit de Dieu qu'il a reçu peut nous guérir de tous nos problèmes, de tous nos maux.

Ce n'est pas anodin que j'ai écrit ce livre sur la vie en Christ. Comme je l'ai dit dans ce livre. J'ai été baptisé à l'âge de 14 ans. J'ai fait trois ans de catéchèse. Et à cette période de ma vie, j'étais très attachée au Seigneur Jésus. Je priais beaucoup. Je partais à l'Église. Je suis issu d'une famille catholique. Mes parents ne partaient pas à l'église à cette époque. Avec le temps mon père est resté catholique. Ma mère est devenue évangélique. Moi je partais à l'église. Moi je priais. La première fois que j'ai touché la Bible, c'était à mes 9 ans. C'était la Bible Tob. Je l'ai prise avec moi. Et je voulais découvrir ce qu'il y avait à l'intérieur. Ça a été mon premier contact avec la Bible. Et quand j'ai eu ce contact, la nuit dans mon sommeil, j'ai fait un songe et j'ai vu des personnes du ciel m'apparaître. Ils avaient dans leur main des présents. Des hommes avec des cheveux noirs et des tuniques blanches, des saints. C'est pour dire que depuis l'âge de 9 ans, j'ai une relation très personnelle avec le Seigneur Jésus.

Après mon baptême, j'ai continué ma vie comme tout chrétien. Je partais au pèlerinage. Je partais aux messes. Je prenais la communion. Tous les examens que j'ai eu a passé en Côte d'Ivoire que ce soit le CEPE, le BEPC, le BAC, j'ai expérimenté la Vierge Marie. Je me rappelle que lorsque je passais le BEPC au Mahou, j'ai eu un malaise à l'épreuve de physique. J'étais paralysé sur ma feuille de l'examen. Je ne pouvais plus écrire. J'ai commencé à réciter le « Je vous salue Marie » à l'intérieur de moi. Je l'ai récité une dizaine de fois. Puis le mal m'a quitté et j'ai continué l'épreuve et j'ai eu mon examen. Le baccalauréat aussi je n'avais pas des notes extraordinaires en classe mais par la grâce de Dieu. Je l'ai eu. Après le bac, je suis venue en France. Et c'est là que va commencer ma souffrance. Cette souffrance était émotionnelle. C'est vrai que j'étais dans mon pays. Mais je n'avais personne à qui exposer les problèmes que je rencontrais au quotidien. L'amie de ma mère qui m'a fait venir en France m'a abandonné. Je me suis retrouvé toute seule et tous les jours je cogitais. Et cela à commencer à se ressentir dans mes notes à l'université des sciences sociales en droit. Je n'ai jamais abandonné le Seigneur. Je priais toujours. Je priais Dieu pour qu'il me protège, pour qu'il me garde, pour qu'il veille sur moi. J'ai commencé à connaître des échecs que j'ai très mal vécus. La première année de droit, moi qui voulais devenir avocate s'est mal déroulée. J'ai commencé à sombrer dans la dépression. Jusqu'en 2011 où j'ai piqué une crise des nerfs et me suis retrouvée en psychiatrie. À cette période, tout était compliqué, difficile. J'ai perdu de ma dignité, le respect que me portaient les autres. Parce que j'étais une fille sage et intelligente. J'ai tout perdu et je me suis retournée en Côte d'Ivoire. Là-bas, ma mère et ses proches trouvaient que ce qui m'était arrivé était de la sorcellerie. Alors on m'a envoyé chez Ahuia Eli puis quand j'ai rechuté dans les camps de prière chez Papa Assandé, paix à son âme jusqu'à ce que rien allant. Je retourne en psychiatrie et qu'on me stabilise avec des antidépresseurs dans un centre à Adjamé. C'était en 2014 qu'on m'a diagnostiqué maniaco-dépressive. Et je continue de prendre les traitements. Je crois en la guérison divine parce que ma mère à souffrir du cancer du col de l'utérus et elle a été miraculeusement guérie par les prières. Et donc je crois fermement que je recevrai une guérison miraculeuse. Quand j'ai perdu la raison, j'étais désorientée. J'en voulais à Dieu. Et j'ai commencé à fréquenter des personnes peu recommandables, le monde occulte. C'est-à-dire les marabouts, les mystiques. Mais bien que je fréquentais ces gens-là. Il y avait quelque chose qui résonnait en moi me disant que là n'est pas la solution. Je les ai donc quittés. En revenant en France en 2017, j'ai jeté tous les gris-gris. Je me suis centrée sur Jésus Christ. Car la seule solution c'est Jésus Christ de Nazareth.

Je peux dire aussi que lorsque je priais avant je n'invoquais pas trop le nom de Christ. C'était soit Père ou Éternel des Armées. Je minimisais sa puissance. Pour moi Christ est juste le fils de Dieu et n'avait pas trop d'importance. Je m'étais trompée. C'est lorsque je suis tombée malade que je me suis rendu compte de son importance. Car on m'a dit que je n'avais que son nom dans la bouche en entrant en psychiatrie à Toulouse. Donc voilà le témoignage que je voulais faire. Donc Jésus Christ m'a permis d'être stable mentalement depuis 2014. Je n'ai jamais rechuté depuis que je prends les traitements. Je suis en bonne santé. Depuis que je suis revenue en France en 2017, Jésus Christ est dans ma vie. Tous les instants quand je peux, je prie, j'ai une pensée pour lui. Dès fois je prends des moments de jeûne. Et cette année 2024, j'ai expérimenté le carême chrétien. J'ai fait les quarante jours de jeûne et je lis l'Évangile. Je n'avais jamais fait de carême chrétien même étant baptisée. Et il y a eu certaines choses que j'ai demandées à Dieu qu'il m'a accordé. Il y a eu des ouvertures de portes dans ma vie. Et c'est quelque chose que je souhaiterais que certains chrétiens expérimentent. C'est quarante jours de jeûne et de prière. Je vais à l'Église catholique les dimanches. Je prends la sainte scène. Je vis une vie simple rattachée aux valeurs chrétiennes, aux choses essentielles de l'existence et de la vie du chrétien. Je suis aussi passionnée de musique et d'écriture. Pour m'en sortir en plus des traitements, composer des chansons et écrire ont été pour moi comme des thérapies. Je fais des créations artistiques. En plus moi qui en 2011 avait perdu la raison parce que je faisais le droit et que ça s'était mal passé. Et que je ne voulais plus en faire de ma vie. Dernièrement j'ai été admise en droit pour reprendre les études à l'Université Panthéon Sorbonne à Paris. Je suis très contente. Pour dire que Dieu tout ce qu'il fait, il a un plan pour chacun de nous. J'ai été attaqué par le diable, j'ai perdu la raison, j'ai eu des difficultés. Mais je n'ai jamais cessé mon amour pour Dieu. Parce que mon amour pour Dieu est très profond. Dès lors qu'à neuf ans, j'ai touché cette bible, j'avais Dieu dans mon cœur dans mon esprit et je me rappelle des livres que je lisais à cet âge, les livres des Proverbes, le livre de Sagesse et le livre de Siracide. Ce sont des livres qui ont fait de moi une personne sage. Et on disait aussi que j'étais très intelligente quand j'étais enfant. Je lisais la Bible et là j'ai repris la lecture l'ancien et le Nouveau Testament. Ça m'édifie et me fortifie.

J'exhorte tous les chrétiens à lire la Bible. C'est en lisant la Bible que tu te connectes à Dieu, à Christ en profondeur, aussi la prière et le jeûne.

Je ne dis pas que je n'ai pas de difficultés. Il y a certaines choses que je demande qui n'arrive pas mais je reste persévérante et patiente. La patience fait partie des fruits de l'esprit. Je reste patiente et je me dis que ça va aller. Je me dis que Dieu entend mes prières. Il va m'exaucer un jour. Mon rêve c'est de devenir soit avocate ou mon rêve aussi c'est de performer aussi dans la musique et dans l'écriture.

Ce livre quand tu le liras, tu constateras qu'il y a à l'intérieur des versets bibliques détaillés que tu pourras vérifier en lisant sa bible. Parce que souvent dans certains livres on a seulement la référence et les gens ont la paresse d'aller chercher. Vous allez remarquer qu'à chaque fois que je parle d'un thème il y a un ou des versets bibliques qui s'y rattachent pour que vous puissiez lire et comprendre d'où je tire ce que je dis.

En résumé de mon témoignage, j'ai été malade. J'ai perdu la raison mais aujourd'hui je raisonne bien. C'est parce que je raisonne bien que je peux écrire un livre pour en parler. Donc Dieu m'a sorti de la maladie, il m'a sorti de la folie. C'est vrai que je prends encore des médicaments mais il y a des personnes qui en prennent et qui rechutent à chaque moment mais moi je me porte bien. Je suis stable. Cela veut dire que Dieu est avec moi. C'est que la prière que je fais chaque jour est efficace. C'est que tous ceux qui prient pour moi. Tous ceux qui me soutiennent en prière, les hommes de Dieu en parlant de Papa Emmanuel et Papa Landry, leur prière m'est bénéfique. Donc je glorifie le nom de Jésus Christ de Nazareth, ma seule force et mon seul sauveur.

Pour tous ceux qui ont connu des moments difficiles comme moi qui ont sombré dans la dépression qui ont même voulu se suicider comme moi dans mes moments les plus sombres. À ces personnes, je veux leur dire de toujours prier, de ne jamais abandonner le Seigneur Jésus Christ. Ce sont des épreuves. Et que Dieu nous réserve de belles choses.

Que Dieu vous bénisse ! Amen.

Conclusion

Pourquoi j'ai écrit ce livre ? J'ai écrit ce livre parce qu'aujourd'hui sur les réseaux sociaux ou même dans certaines églises. On ne retrouve plus cette flamme qui est la parole de Dieu telle que décrite dans les écritures, dans la Bible. On ne retrouve plus vraiment la vraie nature de Christ. Aussi certaines personnes se posent des questions sur leur existence. Même ceux qui vont à l'église ne vivent pas réellement comment Dieu leur demande de vivre. Donc c'est après observation de ce que je vois autour de moi dans certaines églises ou famille chrétienne que j'ai décidé d'aborder ce thème pour que des personnes qui ne comprennent pas certaines choses puissent comprendre et donner réellement leur vie à Christ. Le jeûne est très important ainsi que la prière dans la vie du chrétien surtout la communauté. Aussi Dieu prend plaisir en un esprit brisé et nous appelle à la consécration en tant que serviteur et servante de Dieu. Enfin, il y a des bénédictions qui sont rattachées à la vie de chaque chrétien dès lors que notre vie est en règle vis-à-vis du Seigneur Jésus Christ de Nazareth. Jésus Christ nous a aussi laissé le consolateur, l'Esprit-Saint pour prendre soin de nous et nous rappeler chaque jour que nous sommes des enfants de Dieu.

Table des matières

Partie 1 L'existence de la vie en Christ............................6

Partie 2 La vraie nature de Christ................................28

Partie 3 Exhortation 38

Partie 4 Ce que Dieu aime 44

Partie 5 La consécration..47

yes
I want morebooks!

Buy your books fast and straightforward online - at one of world's fastest growing online book stores! Environmentally sound due to Print-on-Demand technologies.

Buy your books online at
www.morebooks.shop

Achetez vos livres en ligne, vite et bien, sur l'une des librairies en ligne les plus performantes au monde!
En protégeant nos ressources et notre environnement grâce à l'impression à la demande.

La librairie en ligne pour acheter plus vite
www.morebooks.shop

Printed by Books on Demand GmbH, Norderstedt / Germany